传统与诠释

成都市哲学社会科学重点研究基地——成都市清廉文化研究院专项资助项目

成都大学文学与新闻传播学院学术专著出版资助项目

中国廉洁文化探源

谭平 著

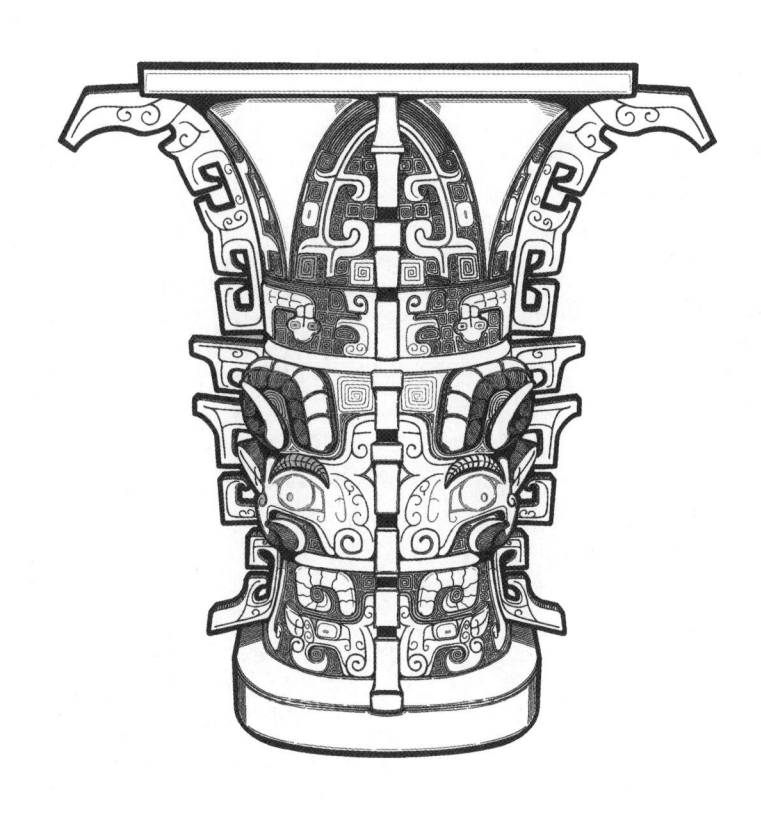

四川大学出版社
SICHUAN UNIVERSITY PRESS

图书在版编目（CIP）数据

中国廉洁文化探源 / 谭平著. -- 成都：四川大学出版社，2025.4. --（传统与诠释）. -- ISBN 978-7-5690-7775-9

Ⅰ.D630.9

中国国家版本馆CIP数据核字第20252N26Y8号

书　　名：	中国廉洁文化探源
	Zhongguo Lianjie Wenhua Tanyuan
著　　者：	谭　平
丛 书 名：	传统与诠释

出 版 人：	侯宏虹
总 策 划：	张宏辉
丛书策划：	张宏辉　张宇琛
选题策划：	侯宏虹　李　耕
责任编辑：	曾小芳　李　耕
责任校对：	曾悦琳
装帧设计：	何思影
责任印制：	李金兰

出版发行：	四川大学出版社有限责任公司
	地址：成都市一环路南一段24号（610065）
	电话：（028）85408311（发行部）、85400276（总编室）
	电子邮箱：scupress@vip.163.com
	网址：https://press.scu.edu.cn
印前制作：	四川胜翔数码印务设计有限公司
印刷装订：	四川煤田地质制图印务有限责任公司

成品尺寸：	170 mm×240 mm
印　　张：	13.25
字　　数：	215千字

版　　次：	2025年7月 第1版
印　　次：	2025年7月 第1次印刷
定　　价：	62.00元

本社图书如有印装质量问题，请联系发行部调换

版权所有　◆　侵权必究

扫码获取数字资源

四川大学出版社
微信公众号

目 录

第一章 绪 论 … 1

第一节 廉洁文化及相关问题探讨 … 3
一、廉洁文化及其形成与维系机制 … 3
二、关联廉洁文化生态的若干中国式问题 … 4

第二节 命运共同体意识、雅文化与官德 … 44
一、"公""私"之辨 … 44
二、命运共同体意识与国运 … 46
三、命运共同体意识下的官德理念 … 47

第三节 与廉洁文化相关的三个命题 … 60
一、为什么要"学而优则仕" … 60
二、"中庸"的价值 … 61
三、多难兴邦的丰富意蕴 … 64

第二章 敦行为官之道 … 67

第一节 诫谕与训饬 … 69

第二节 赏 罚 … 74
一、先贤关于赏罚的理论思考和观念建构 … 74
二、宽严之间,过犹不及 … 81

三、中观层面的分析 85

第三节　监　察 93
　　一、中国古代监察制度的发展过程 93
　　二、中国古代监察制度的得与失 105

第四节　考　绩 108
　　一、中国古代官员考绩制度的演变 109
　　二、中国古代官员考绩制度的反思 115

第五节　古代教育对廉洁文化的影响 118
　　一、学校教育 118
　　二、家庭教育 125
　　三、社会教育 132

第三章　砥砺为人之行 135

第一节　孝悌是否模范践行 136
　　一、《孝经》中的孝与廉洁文化建构 137
　　二、《大学》对孝悌之道的强化 139
　　三、《论语》中关于孝悌与做人做官关系的论述 141

第二节　齐家是否有方 144

第三节　居家能否慎独 149

第四节　举荐贤能、奖掖后进是否大度主动 152
　　一、选贤举能的内涵与要求 152
　　二、选贤举能的经典案例 154

第五节　对外交往中能否坚守邦国尊严 158
　　一、赞美、奖擢、旌表英雄 159
　　二、宽贷、礼遇、敬重对手或他国忠烈 161
　　三、投敌变节者被当世鄙视、受历史鞭挞 163

第四章　构筑优良政治生态 …………………………………… 165
第一节　皇家教育与管制 ………………………………… 165
　　一、皇家教育 ……………………………………………… 167
　　二、皇家管制 ……………………………………………… 170
第二节　容忍与采择清议 ………………………………… 174
第三节　旌表贤能 ………………………………………… 177
　　一、崇拜圣贤 ……………………………………………… 177
　　二、彰扬循吏 ……………………………………………… 180
　　三、尊重乡贤 ……………………………………………… 183
　　四、祭祀忠烈 ……………………………………………… 184
　　五、旌表贤妻良母 ………………………………………… 186
第四节　敬畏神圣 ………………………………………… 194
第五节　坚守"三立"与实现不朽 …………………………… 202

后　记 ………………………………………………………… 205

第一章 绪论

　　五千多年来,中华文明在众多领域都曾长时间领先于世界其他文明,表现出比同时代的其他古老文明更富有海纳百川的包容性与革故鼎新的创造力,而支撑这些特质的世界观、价值观、认识论和方法论,多数具有穿越时空的恒久价值与独特魅力。自先秦时期开始,我们的祖先便已萌生了迄今至少有2500年历史的命运共同体意识。由此产生的"天下为公"理念以及追求并维护中国大一统的家国情怀,使中华文明虽然经历了无数次内忧外患和兴衰沉浮,却从未中断。历代都不乏优秀士大夫,他们恪尽职守,效忠于自己的国家、人民和文化,为自己所坚守的伦理道德、人生理想而献身。他们这种炽烈的情感不断延续和升华,形成了近代以来中华民族应对一切冲击和苦难的强大韧性和生命力。这一特质,在中国古代以士大夫为主要对象的廉洁文化的建构与丰富、完善的过程中都有生动体现。本书旨在梳理中国传统廉洁文化形成与维系机制的真实面貌,以为当代和未来的人们呈现一道传承、弘扬中华优秀传统文化的独特风景,让后人感悟先贤天下为公的崇高情怀,汲取选贤举能的传统治世智慧,延续并弘扬先贤们"志士仁人,有杀身以成仁,无求生以害人"(孔子语)、"富贵不能淫,贫贱不能移,威武不能屈"(孟子语)、"鞠躬尽瘁,死而后已"(诸葛亮语)、"先天下之忧而忧,后天下之乐而乐"(范仲淹语)、"天下兴亡,匹夫有责"(顾炎武语)、"苟利国家生死以,岂因祸福避趋之"(林则徐语)的高尚理想。

这正是贯穿本书的历史观与方法论。

本书所探讨的"廉洁文化",是"廉洁奉公文化"的简称。其内涵既包含廉洁之道,亦涵盖奉公之德。这一界定源于中华优秀传统文化对"天下为公"大同世界的永恒追求——在传统语境中,对于掌握、管理和运用国家及社会公共权力与资源的官员士大夫群体而言,他们通常需历经优中选优的选拔程序,承载着上下阶层的殷切期待。在此背景下,廉洁(即严格遵循国家与社会公认的规则,清白干净地立身行事)仅是任职的基础条件与不可逾越的底线,而奉公(即恪尽职守、善用公权力与公共资源,力求实现利国利民,甚至功在当代、利及千秋的价值)才是为官的应然常态,更是廉洁的价值核心。若廉洁文化仅停留在倡导"规避风险、安全任职"的层面,则失去了被高度推崇与深入研究的意义。从逻辑与价值链条来看,廉洁与奉公密不可分:评价廉洁文化建设的成效,必须将二者统一研判。在评判官员士大夫践行廉洁文化的状态,或是考察某一机构、地区的廉洁风气时,对"奉公"状态的考核不仅不可或缺,更应作为重点。这也正是中国史学家在为和平年代的杰出士大夫立传时,将"循吏"列为最高群体的原因——他们既是持身严正、两袖清风的清官,更是为官一任、造福一方且功绩卓著、受后世敬仰的先贤。[①]

基于上述逻辑,本书的研究范畴超越了普通"谨守规矩"层面的廉洁文化,而是延伸至与其有逻辑关联和历史源流的多元领域,旨在为读者提供对中国传统政治文明的深层思考。

[①] 在中国共产党中央纪律检查委员会官网上,给廉洁文化的定义是:廉洁文化是中华优秀传统文化的重要组成部分,强调清正、廉洁、奉公自守的价值理念。它不仅是个人的道德修养,也是社会风尚的体现。廉洁文化的核心在于倡导不谋私利、奉公守法,反对腐败现象,维护社会的公平正义。

第一节 廉洁文化及相关问题探讨

一、廉洁文化及其形成与维系机制

（一）廉洁文化内涵及其评判价值

所谓廉洁文化，是指全社会倡导践行的恪尽职守、秉公办事、不谋私利、为官清白等德行与操守。在古代中国这样一个重视以德治国、治官、治民的国家里，廉洁文化对社会氛围、价值导向有着重要的影响。廉洁文化在古代的活水之源主要是仁、义、礼、智、信五常，以及由此衍生出的忠、孝、廉、耻。历史上关于"五常"内涵的解读、演绎成果汗牛充栋，其中宋儒周敦颐《通书·诚几德》中的解读言简意赅：

> 诚无为，几善恶。德爱曰仁，宜曰义，理曰礼，通曰智，守曰信。[①]

古代思想家、政治家讨论廉洁文化时还使用过其他概念，但其核心范畴多集中于五常以及由其衍生的忠孝廉耻等一系列道德观念。与这些道德观念紧密关联的廉洁文化，内容丰富、历史悠久，但目前尚未形成系统研究。因此，有必要结合当下社会实际，对传统廉洁文化进行综合性论述，以展现其当代价值与意义。

[①] （宋）朱熹、（宋）吕祖谦撰，张京华辑校：《近思录集释》卷一，长沙：岳麓书社，2010年，第23页。

（二）廉洁文化的形成与维系机制

机制是一个抽象的概念，既指各要素之间的结构关系和运行方式，又指有机体的构造、功能及其相互关系，还指机器的构造和工作原理。

本书聚焦于中国古代廉洁文化的形成与维系机制。该机制作为一种独特且理想的社会政治范式，以契合中华民族整体利益和长远利益的核心价值为根基，其构建包括三个方面：其一，以系统培育德才兼备的精英群体为手段；其二，以选任实现国家长治久安所需的各级官员、建立有效的考评机制为目标；其三，以强调命运共同体意识、赓续雅正文化、敦行为官之道、砥砺为人之行、维系良性政治生态为持续动力。这是一个被历史证明，与中华文明盛衰演变同步，与中华文明各方面紧密相连，且在中华文明生生不息的历史发展中起着正向作用的存在。

二、关联廉洁文化生态的若干中国式问题

（一）信仰与廉洁文化

信仰与廉洁文化之间是一种水乳交融、血肉相连的关系。关于中国人的信仰源泉和动力问题，冯友兰先生有一段精彩而生动的论述：

> 在西方人眼里，中国人的生活渗透了儒家思想，儒家俨然成为一种宗教。而事实上，儒家思想并不比柏拉图或亚里士多德思想更像宗教。……"四书"中没有上帝创世，也没有天堂地狱。[①]

美国著名历史学家斯塔夫里阿诺斯从世界文明发展与演变的角度对中华文

[①] 冯友兰著，赵复三译：《中国哲学简史》，北京：世界图书出版公司，2011年，第1页。

明进行了深入研究。他认为：

> 与印度文明的松散和间断相比，中国文明的特点是聚合和连续。……中国人的经典都强调人在社会中的生活，尤其是强调家庭成员之间、君臣之间的关系。这种对现世的强烈偏好为政治组织和政治稳定提供了一个坚固的、根本的基础。[1]

中华文明诞生于亚洲，得益于包括长江、黄河等众多河流的滋养，形成了人类历史上覆盖面积广并具有连续性的，以农耕为主、工商和游牧为辅的经济生活模式，这种模式孕育出的社会形态，其宗教活动、宗教生活始终处于次要地位。在道德（以廉洁文化为基石）建构和升华的过程中，信仰的有无及强弱无疑至关重要。区别于那些宗教信仰占据主导地位的文明，中华文明主要依靠自身丰富、独具特色的人文教化来培养子孙后代的坚定信仰。这一点也得到了著名汉学家、普林斯顿大学教授牟复礼的认可和传播。他认为，中国人的世界观以"圣贤传统"（Great Tradition）之名，成为各家各派的共同财富。[2]

的确，古代中华民族的信仰，主要依靠一以贯之、与时俱进的人文教化来实现。就这一点而言，中华文明在全世界独树一帜。儒家作为一种温和、包容的价值观和思想体系，与宗教的关系若即若离，既有对抗也有妥协。至少，儒家与本土的诸神崇拜和信仰始终能够和谐共存（邪教除外）。更关键的是，以儒家教育为主的教化孕育了无数圣贤和英烈。他们作为社会楷模，发挥了类似神性的崇高、庄重、伟岸、光辉的偶像作用，确保了国人拥有坚定的信仰。这也为廉洁文化的形成与机制的持续运转提供了坚实的土壤。梁漱溟先生指出：

---

[1] 〔美〕斯塔夫里阿诺斯著，吴象婴等译：《全球通史：从史前史到21世纪》，北京：北京大学出版社，2006年，第155页。

[2] 〔美〕牟复礼著，王重阳译：《中国思想之渊源》，北京：北京大学出版社，2016年，第48页。

替代一个大宗教，而为中国社会文化中心的，是孔子之教化。①

儒家教化的核心、先贤们所倡导的仁与道是什么？它们是信仰的对象——具体表现为仁义礼智信等中华民族共同坚守的核心价值。"天地君亲师"作为中国古代社会的重要符号，象征着圣贤和辅助性的诸神系统，它们是这些核心价值的渊源。这些圣贤和诸神具有人格化特质，因此成为从庙宇到普通家族广泛膜拜的对象。总之，对这些核心价值的向往、崇敬与追求体现了中华民族的坚定信仰。中国传统文化并不主张依赖宗教神灵或彼岸世界来寄托心灵，也不以此寻求慰藉和皈依，而是基于人本主义、人性本善、人人皆可成圣贤的乐观主义和对本族群人文生态的自信，主张人们在理解、践行"仁义礼智信""忠孝廉耻"等理念的过程中，追求"立德、立功、立言"目标，并以此留名青史；通过培养自爱、自省、自律、自修、自强的意识与习惯，精英人群得以在奋斗过程中始终坚持人生的光明大道，并在体悟和弘扬"道"的过程中实现人生价值，获得心灵的自由与解放。中国史书在这一过程中发挥了重要作用，史书的褒贬能够使这些精英及其效法者产生强烈的崇高感、庄重感和生命不朽感——这些感受在其他以宗教为主导的国家中属于神性特质（包括通过宗教授予的"神性"称号与资格），并非普通人所能体验。建筑、文学艺术、史册记载以及各种教化活动等物质与非物质文化遗产共同承载的仁义礼智信、忠孝廉耻、温良恭俭让等高尚品格，一直被崇敬、效法和追随，促使中国形成高尚的精神和道义传统，成为历史悠久的文明礼仪之邦。实际上，这正是中国传统廉洁文化形成与维系机制所扎根的沃壤。通过不断耕耘这块土壤，培植正能量，并保证这种正能量尽可能多地对全体社会成员发挥作用，从而涵育出、维持住供国家选拔各级各类官员候选人的优良文化环境，这正是廉洁文化形成与维系机制的追求。

---

① 梁漱溟：《中国文化的命运》，北京：中信出版社，2016年，第31页。

（二）古代廉洁文化形成与维系机制的历史演变脉络

夏、商、西周时期，廉洁文化尚处于自发形成的初期阶段。一方面，由于分封制的实施，各级贵族享有爵位、土地世袭的权利，因此，此时廉洁文化的内涵及其建设环境、条件并不具有统一性。另一方面，由于文教对象仅限于贵族子弟，信息传播条件也十分有限，廉洁文化还只能是缓慢积累一些规律性的认识。

春秋战国时期，廉洁文化进入了理念系统建构的阶段。进入铁器时代，社会结构的剧烈变动带来多元思想的碰撞与融合，为新思想观念体系的建构提供了丰富的素材。纵观这一时期，一方面承袭了西周礼乐文明的制度遗产，另一方面在各国长期的激烈竞争中，形成了百家争鸣的思想格局。这一时期也被部分学者看作中华文明的轴心时代。在廉洁文化建设方面，诸子百家的理论探索奠定了后世廉政思想的基本框架，而以孔、孟为代表的儒家学派则以慎终追远、仁民爱物的情怀，构建了经典文本中的价值体系与精神家园，他们的思想尽管在当时被视为"不合时宜"，却成为大一统王朝的重要精神文化资源。其他学派亦在廉政机制设计、官员道德约束等方面贡献了独特智慧。值得注意的是，社会制度、意识形态的转型，以及族群融合、从分裂走向大一统的构建，均极为复杂，诸多变量交织，以致这一过程耗时500多年，但在此期间形成的文化基因对后世影响深远。

两汉时期，以董仲舒提出"罢黜百家、独尊儒术"和文翁在成都创办地方官学为标志，古代廉洁文化完成了理论体系与制度架构的整合。以"五常"伦理和仁政思想为核心的共同价值观念逐渐深入人心，在察举征辟制度确立的德行考核导向、官学教育体系的发展，以及士大夫阶层的崛起等因素的推动下，涌现了众多忠臣义士和清官循吏，为中华民族第一个文治武功鼎盛时期提供了充足的官员士大夫人才。然而，此时，新兴的大一统治理体系尚未成熟，统治集团的内部权力架构尚未稳定，人才选拔机制也缺乏稳定性和连续性。外戚干政、宦官专权屡禁不绝，经学世家的代际传承与公卿集团的阶层固化形成世族门阀，最终异化为阻止人才流动、威胁皇权统治的体制壁垒，这是汉代统治者不可能预见的问题。此外，在过度强调德行的社会氛围下，东汉士大夫中盛行一种泛道德主义倾向，不仅品评人物时过分看重道德表现以及声望，甚至官员升降亦唯道德声望是论。这种倾向带来了三重负面影响：一是过高的道德标准难以推广，二是容易忽略官员的实际才能，三是导致一些士大夫把道德实践异化为表演与作秀，催生矫饰之风。物极必反，这种倾向不仅弱化了官员们关注、解决实际政治和民生问题的积极性与能动性，还使"道德"本身的感召力下降。魏晋时期玄学思想的盛行，一定程度上正是对这种泛道德主义倾向的大规模心理和情绪反弹。

魏晋南北朝时期，廉洁文化进入艰难探索与过渡阶段。这一时期，天下分裂，战乱频仍，社会矛盾不断加剧。玄学思潮一度盛行，儒释道三家的地位与影响此消彼长。门阀世家把持朝政，阻碍阶层流动，造成廉洁文化的形成与维系机制总体被破坏。此后，以北魏—西魏—北周的更替为主线，在政权存续压力的改革驱动下，廉洁文化机制实现了制度性复苏与重构。

东汉后期至魏晋南北朝时期的历史教训表明，必须将国家观念与君臣观念作为古代中国政治伦理的价值核心。

隋唐时期，廉洁文化形成与维系机制中的制度设计进入成熟期。对北朝后期优质政治文教资源的有效承继，均田制、三省六部制、府兵制及民族大融合等诸多因素相互叠加，尤其是对应试者没有身份歧视，空前客观、公正的科举制度的出现，大大缓解了不同阶级间的对抗情绪，增强了朝野上下的凝聚力和向心力，弥补了廉洁文化形成与维系机制的重大缺陷。这一时期，人才辈出，并且文武并重，为之后唐朝贞观、永徽（含武则天称帝期间）、开元三个时期国家臻于强盛提供了人才保障。

隋朝亡于长期的战乱动荡，李渊父子凭借关陇军事力量而艰难立国。因此唐太宗时期君臣的忧患意识特别强烈，其时，君臣和衷共济，开创了大一统王朝与社会文化认同双向契合的国家局面。在三省六部制之下，君主需要认真履职，而不是过分担忧权臣威胁、架空皇权。宰相在不被君王猜忌、防范的情况下也能更加从容地协助君主治国理政、选官用人，所以这一时期出现了诸多名相。与此同时，科举考试也让才华横溢的文人们有机会参与政治，实现个人抱负，进而形成了政治和文学艺术盛衰基本同步的情况。不过，唐代除科举制外，仍有多种入仕途径，特别是贵胄、高官子弟仅凭借门荫便可入仕。此外，唐太宗之后的唐朝，逐渐偏离贞观之治时"君臣共治"的良性传统，甚至在官僚任用时出现短视倾向，拥有做官资格的人数持续刚性累积，虽然官职数量不断增加，但官位粥少僧多，造成做官人数与实际用人需求严重失衡，最后演变出主要依据资格、资历任官，德才反而成为次要因素的困局。随后，统治阶级内部争夺政治资源和话语权的矛盾，再加上其他社会因素，最终演化成恶性的党争。这些都是历史的深刻教训。这一时期，儒家的主体地位尚未完全恢复，儒家核心价值观和行为准则尚未成为广泛、稳固的共识，加之统治阶级尤其是皇室自身的失德未能规避，内部权力缺乏制衡机制，所以出现了诸多皇室血腥内讧事件，政治生态进一步恶化，最终以安史之乱为转折点，逐渐走向衰落（如宦官干政、党争）。

两宋三百年间，不论是以彻底消除地方割据为目标的中央集权，还是以文官政治为导向的佑文政策，都推动了廉洁文化形成与维系机制的进一步完善。儒家文化依托宋学稳健崛起，不仅逐步实现了儒释道三教整合，其强烈的忧患意识和知行合一的主张也成为广泛的价值共识。同时，更加完善灵活的科举考试制度吸引了大量人才，皇室秉持"与士大夫共治天下"的施政理念，对高级士大夫以礼相待，推崇士林清誉，使"君子成人之美""君子爱人以德""君子喻于义"等理念成为士大夫阶层的共识。优秀士大夫普遍具有与赵氏王朝共治天下的主人翁意识和责任感，因此，这一时期也成为一个圣贤辈出、清官循吏众多、廉洁文化建设成果丰硕的时期。按照陈寅恪先生的观点，中华文明也肇极于这一阶段。然而，宋朝制度亦存在结构性缺陷：包括过度强调文治，导致官员考课失之宽纵，取士门槛过低；考绩制度变成论资排辈的"磨勘"；门荫制度也比较冗滥等。这些积弊，终宋之世也未能得到有效革除。

宋代后期冗官现象严重，不仅虚耗民脂民膏，而且导致官场政治环境恶化。那时，士大夫群体普遍存在非理性决策与倾向，妨碍了行政效能的发挥。在此基础上，过剩的官员和恶化的政治环境使得党争越发走向极端，完全背离了选官用人的公平公正标准。这些敝端对廉政的消极影响有以下几点：①官德平均水准下降；②缺乏激励与淘汰机制，平庸主义盛行；③妒贤嫉能现象愈发严重；④仕途拥挤，官员注意力转向求田问舍，攫取财富，而不是在政治上积极进取；⑤官员职权管理混乱，职任不明，部分官员无事生非、巧立名目，借机盘剥下属和百姓，给民众带来额外负担和骚扰；⑥文牍主义、政出多门、推诿塞责现象盛行，国家机器运转低效无能。

古代与官员选拔任用有关的政治生态一旦恶化，很容易阻断君臣之间的正常沟通。这不仅使君主与官员的良性互动以及君主准确识别忠奸贤愚变得困难重重，也使得廉洁文化形成与维系机制的正常运转陷入极大困境。君主和重要京官、地方主官之间是否有稳定有效的沟通交流机制，关系廉洁文化建设的成败。纵观历史，唐宋两朝在这方面是做得比较好的。唐朝建立了基本的君臣沟通机制，例如在任命官吏时皇帝要面晤，亲自审查其能力。但相较于宋朝，唐朝缺乏稳定的皇家教育，君臣会面形式较单一，缺乏转对等制度，君臣不能够经常交流沟通，言路也远不及宋朝通畅，因此，唐朝君臣之间很少有政务之外的密切交流，君臣关系并不稳定。这一现象既与唐朝意识形态整合尚未完成有关，也与唐朝选官用人的制度性缺陷密切相关。这也使得唐朝的君臣关系难以建立在双方共同认可的道德情感与价值判断上，为宦官弄权和谗言滋生创造了条件。如中唐时期的两大政治、理财能手刘晏、杨炎都不得善终，这既源于他们之间复杂的个人恩怨，更源于君臣之间无法有效沟通，进而无法及时化解矛盾、澄清真相，以致谗言左右了君主的判断。然而，明朝再次重蹈了这种君臣阻隔的覆辙，即便原因与唐朝并不完全一样，但结果却是大同小异。尤其是宦官弄权屡禁不绝，尽管在程朱理学与阳明心学共同构建的官僚伦理框架下，君臣间有共同的认知基础，但除建文、仁、宣、孝等少数皇帝以外，其他皇帝要么依赖宦官，要么宠信佞臣，更有甚者消极怠政、长期不上朝，以逃避与文官士大夫的交流。君臣之间不能真诚相待，一方面造成君主暴戾顽固的个性不能及时得到劝诫；另一方面则促使坚守道义和廉洁文化的士大夫便不得不采取更为激进的方式劝谏。

元朝在廉洁文化方面的表现总体上乏善可陈，但其在文化领域的一些贡献，例如确立了理学的至尊地位，提倡书院教育等，在一定程度上涵养了廉洁文化。

明清二代，从整体上看，是廉洁文化形成与维系机制的守成与僵化期。不过亦不可笼统、简单地予以褒贬。这一时期中国的贤士大夫和明君仍然在局部探索、完善廉洁文化建设，如重视翰林院培养、储备人才的功能，通过翰林院在君主与士大夫之间建立起制度化的沟通渠道，为朝廷输送了一批兼具政治才能与道德声望的高级官员。明朝辅政大臣大都出自翰林院，清代基本延续了这一特征。并且，明朝前期吏治澄明长达百年，其廉洁文化维系机制取得多项创新或完善：如建立了超越唐宋的学校教育体系以及不限官员级别的"中外大小臣工，皆得推举"的察举制度；选拔人才不拘资格；允许富户、耆民皆得觐见，奏对称旨，辄予美官；奖励人民上书言事；都察院之外设立六科给事中；严厉约束后妃及外戚；地方循吏增秩赐金并长久留任；派遣大臣考察地方官并予以黜陟等。这些制度与措施形成了良性互补。此外，明初四大案的血腥镇压和以《大诰》与《大明律》为代表的法制威慑对元朝遗留的腐败风气具有较强的扼制作用。在皇权空前强大的背景下，明朝以刚性极强的治官方式，创造了一个中国历史上持续时间最长的以官员低薪为特征的清廉时期。

但是，明朝为廉洁文化形成与维系机制的运转付出的代价巨大，主要体现在统治集团内部的部分群体遭受了过度的暴力清洗。明朝皇室受教育水平偏低，基本徒具形式；废除丞相后，明君变得空前劳累、孤独，而昏君则很难得到纠偏。君臣悬隔，面对臣民的谏诤、不满，君王要么狠戾要么荒怠，遂有世宗、神宗这般长期不上朝、不见士大夫，以廷杖、诏狱杀黜谏诤者的昏庸之君掌握乾坤，使宦官得以狐假虎威、祸乱朝纲。这些问题严重阻碍了廉洁文化机制的运转。从朱元璋开始，明朝帝王基于对文官士大夫人格的不信任，在价值观和制度设计层面，对文官士大夫的生命和尊严表现出明显的蔑视。此外，明朝滥用特务、文字狱、廷杖，以高压、恐吓为主要手段治官，暴戾刚狠、威福自专的皇帝，狐假虎威的宦官，以及弄权的佞臣，都能够欺压一般官员士大夫。以严嵩执政期间为分水岭，明朝中后期官场逐渐谄媚成风，名节之士队伍萎缩。最终，士大夫不得不抱团抗争，形成东林党、复社，二者虽然在朝野上下产生不可磨灭的影响，但却遭到残酷镇压。明朝廉洁文化最后的正气、元气消耗殆尽，国家步入绝境。

在明朝的政治架构里，皇帝直接面对六部和都察院，乾纲独断，但其自身能力存在局限，遂逐渐有内阁大学士集体代行部分相权的特殊机制。其中，首辅虽权责重大，但国家制度并未正式给首辅授权。这种权力性真空导致阁臣不得不通过谄媚君主、结交宦官、排挤同僚等手段取得接近丞相的权力，所以他们被称为"权臣"，而非堂堂正正的"大臣"，很难服众。明朝废除丞相造成的弊端还包括使百官意见领袖和政府首脑的法定地位不存在，任何人领导大规模改革都名不正、言不顺。此外，在明代高压政治和八股取士的双重桎梏下，学术发展严重受阻，程朱理学异化为教条的道德说教，心学流于空疏玄谈。

清朝鉴于明朝的教训，在皇家教育、约束宦官和特务、废除廷杖等方面的表现明显强于明朝，皇帝的整体素质、对治官宽严度的把握也较好，但在根本制度上仍沿袭明朝，并进一步强化专制统治。清朝利用暴力手段震慑士人，销毁图籍以钳制思想；创设奴才称谓，使君臣关系异化；长期保持满蒙贵族的优势地位，汉族士大夫难以担任要职，这就使得科举制不分民族、不限出身的公平公正原则被破坏，廉洁文化的正能量大打折扣，满蒙亲贵也因此难以提升自己；废除"廷推"，台谏合一，君主专制集权达到顶峰。在清廷的统治下，学术重心转向考据学，士大夫对政治的影响力进一步弱化。

当然，讨论明清时期的廉洁文化问题时，应该承认，清代的博学宏词科拓宽了取士渠道，养廉银制度对廉政建设进行了有益的探索，尤其是应该肯定清朝在通过蒙学教育使儒家经典要义深入人心、编选文学经典作品以利于士子阅读等方面做了卓有成效的努力。前者如推广《幼学琼林》《弟子规》《蒙养图说》《童蒙观鉴》《二十四孝图说》，后者如推广《古文观止》《唐诗三百首》《菜根谭》等。

明朝确立、清朝沿袭的八股取士制度，对思想、学术发展的阻碍作用及其对廉洁文化的负面影响，前人已有大量论述，本书不再赘述。但是也应看到，古代几乎所有重要制度的选择，都是"诸利相权取其重、诸害相权取其轻"的结果。八股取士作为国家最重要的制度设计之一，关涉国家、社会、个体利益的得失，物质文明与精神文明的平衡，以及选举用人既要活力也要稳定的两难问题，因此断不可以一笔抹杀。明代以前科举考试形式、内容的选择，也都是有利有弊。自周敦颐发轫，经二程、张载等人奠基，至朱熹《四书集注》集大成的理学，降低了儒家学说的传播成本，也为国家统一思想和价值观提供了理论工具。明朝的科举考试不仅采用八股文形式，而且规定非进士和翰林院出身不能成为高官或阁臣。这样一来，士子和士大夫们的学问、思想难免趋于固化与守成，但这种状态以最为简便、成本最低的方式，契合了国家统一思想的需求。它推动朝野上下，从官员到百姓，对廉洁的认知趋于一致，助力士大夫阶层广泛形成对核心价值观的认同。在实践层面，士大夫严格践行着程朱理学的相关准则。这一情形，一则是为规避严苛治官带来的政治风险，二则是受四书所倡导的伦理道德观念影响。正是基于这些因素，明朝前期吏治才得以实现长达百年的清明，清朝康、雍、乾三朝也才拥有了一批贤臣良将。再者，八股文与诗词散文写作风格迥异，它无疑不利于文豪特质、个性的发挥，但在一定程度上使得官员队伍品格与个性方面相对齐整、稳定，从而降低了政治动荡的风险，减少了人才的无端损耗。但值得警惕的是，在八股文取士制度的主导下，普通士大夫群体关心国计民生的积极性大幅降低，对博学、务实、创新精神甚至弃之不顾。士大夫之间的交往，也不复唐宋时期那般开放包容。中国学术、思想、文艺及其他各领域，原本源源不断的创新活力因此衰减，这无疑是八股文带来的负面影响。总之，对于中国古代廉洁文化史上的一些重大举措，简单的臧否并非明智之举，对其进行评判，需要秉持全面、客观、辩证的态度，唯有如此，方能洞察其在历史长河中的复杂意义与深远影响。

审视古代廉洁文化形成与维系机制的运转得失，必须结合中国历史上的特殊国情来加以分析。中国历史的演变大势呈现出久合必分、久分必合的规律，然而随着时间的推移，统一的力量愈发强大，分裂战乱的力量则逐渐式微，分裂时间也愈发短暂，这既是中华文明内生的、促使国家统一的正能量不断增强的结果，同时也是廉洁文化在这一方面不断得以巩固和强化的体现。在长期统一的历史条件下，中国不仅维持了广袤疆域的稳定，更在物质文明和精神文明领域长期处于世界领先地位。尽管在近代，中国遭受了西方列强坚船利炮和不平等条约的欺辱，但在20世纪后半叶，中国再次迅速崛起并踏上伟大的民族复兴之路。中华文明之所以能够历久弥新，核心在于其命运共同体意识的持续强化。而这种集情感认同与治理智慧于一体的文化内核，始终是廉洁文化发展的精神支柱。

于是我们看到，古代中国在长期的大一统格局下，辽阔的疆域、众多的族群、各具特色的地域文化得以保存；依托统一的道德伦理认知，各族人民实现从上到下基于自主的和睦相处；国家和社会治理在各层面、各个地区都保有一定弹性；儒、释、道三者的思想相互融通等。在这样的背景和条件下，廉洁文化的形成与维系机制呈现出建立—兴盛—衰减—重构的演进规律。因为有深厚积淀的命运共同体意识不会彻底衰竭，强大的礼乐教化也始终存在，所以即便是在王朝衰微时期，以"天下为公"为核心理念的廉洁传统仍能通过仁人志士得以存续。这种文明特质使中华文明获得了强大的自我更新能力，使其在应对内外危机时拥有更大的缓冲空间，正因如此，廉洁文化形成与维系机制能够重建与发展，并为中华民族各项伟大事业取得成功打下基础。以此审视"天下为公""大一统""民为邦本""家国一体"、德礼优先、政刑为辅等基于命运共同体意识的观念，以及它们与古代廉洁文化在历史进程中的良性互动，有助于减少基于中微观层面或异质文明角度而产生的对中国古代廉洁文化价值的误判。

(三) 道德要求与个人身份、地位高低成正相关

古代中国，在廉洁文化形成与维系机制的运转过程中，蕴含着一种独特的政治理性，其中有一个贯穿始终的伴生观念，即随着个人地位越高、社会影响力越大，其所肩负和履行的道德义务也就相应越高。如对天子的定位：

> 所谓天子者，天下相爱如父子，此之谓天子。①

天子在一定程度上可被视为爱民如子的族群领袖，所以"国"为"大家"，由一个个"小家"，即家庭组成。在此情境下，我们能清晰地感受到天子所秉持的"家国一体"理念与百姓心中所怀的"家国一体"观念是高度契合的。

又如《管子》强调说礼义廉耻的重要性：

> 四维不张，国乃灭亡。②

管子是中国历史上对物质文明和精神文明建设的关系展开系统思考，并将其智慧成功运用于国家治理的重要先驱。他既强调物质财富在社会各阶层中的基础性作用，同时又格外强调：对于无衣食之忧的统治阶层而言，践行礼义廉耻更为重要。也就是说，从保障国家长治久安的角度来看，对于普通民众，更应该关注其物质保障，在道德层面，只需他们能够知晓基本礼节与荣辱即可；而对于士以上的中上阶层，则要求他们追求有品格的精神生活，履行比普通民众更高、更全面的道德义务——即践行礼义廉耻。士以上的阶层若能够在这四个方面切实践行并发挥表率作用，国家便能实现政令畅通、社会和睦。管子的这一思想，与孔孟对统治阶级提出更高道德要求的思想基本一致。

---

① （唐）魏征等撰，吕效祖点校：《群书治要》，厦门：鹭江出版社，2004年，第493页。
② 李山译注：《管子》，北京：中华书局，2009年，第2页。

这些思想观念始终是强大且稳定的力量，推动着社会中的优秀人群、强势个体在伦理道德方面追求积极向上，同时具有促进社会公平公正的功效。因此，以五常为核心的基本伦理道德和敬畏"天地君亲师"的精神要求，是所有人概莫能外的。

官员士大夫应该具备与自身地位、权力相匹配的伦理道德修养，原因主要有以下几点。

首先，德不配位会导致国家、民众及当事官员遭受损害。

其次，高级官员不仅享有远高于普通吏员和民众的收入，而且自身及亲属还能享受多种优待。这种优待，可以在古代的社会分工理论和敬老尊贤理论中找到依据，如"君子劳心，小人劳力"。实际上，只要官员总体上能够奉公守法，百姓对于他们所享有的优待并不会反感。

此外，统治阶级的生活方式，往往会被他人效仿。上有所好，下有所效。因此，君王嗜好如果不够庄重、文雅，缺乏对百姓的体恤，往往会导致一些人为了讨好君王而付出惨重的代价，如"楚王好细腰，宫中多饿死"。在古代中国，君王、官员士大夫及其家人的生活方式、审美情趣乃至服饰、装扮，都具有强大的社会影响力。因此，在"家国一体"，但官员宦海起伏难定的政治生态下，廉洁文化的内涵绝不仅仅局限于目前学者们普遍论述的"为官之德"（即官员履行职责时的道德品行），还涵盖了他们在日常生活中的道德表现。他们的道德品行，对下位者政治伦理的形成与维系有着重要影响。因此，凡是明智的君主，都不会忽视考察这部分人在"非履职时间"的言行举止。

同时，按照儒家文化的要求，官员直系亲属的道德水准也应该比一般百姓要高，因为从理论上讲，他们的言行举止体现着官员齐家的能力，更何况他们也享受着常人所没有的优待。因此，他们的道德品行，不仅会影响廉洁生态的走向，而且还会成为史书和文学艺术记录、褒贬的重点对象。史书中"列女传"多有"贤内助"的相关记载，而史书"奸佞传"则会留意提及那些充当"贪内助"或是协助、纵容官员贪腐的亲属。

（四）择友之道的重要性

中国古代官民十分看重择友在道德养成和优化中的作用。相关论述丰富，其中孔子的论述堪称经典：

> 孔子曰："益者三友，损者三友。友直，友谅，友多闻，益矣；友便辟，友善柔，友便佞，损矣。"[①]

正直无私体现的是品格，宽宏大量展现的是胸怀，博学多识彰显的是视野与智慧，而谄媚、伪善、文过饰非均属德行问题。从这段论述可知，儒家认为，当追求自我完善时，君子应选择品行、胸怀、见识俱佳者为友。因为儒家认为君子人格完善的终极目标是"止于至善"，即达到圣贤之境，故"君子"应该追求成为一个在道德、心理、见识层面都堪称"完人"的存在，从而最大限度发挥核心价值观的表率作用。而守持底线时，则首重品格，至于心胸、见识是否同样出色，可以适当放宽要求。这种宽严相济的择友之道体现了儒家的理性精神。

朋友有狭义和广义之分：狭义的朋友指身边交往的人，广义的朋友还包括历史上的先贤。部分深受天人合一、道法自然学说影响的中国人，会以被赋予了独特精神气质的自然事物为友，如宋人林逋"梅妻鹤子"、赵抃"以一琴一鹤自随"、国人推崇梅兰竹菊"四君子"等。可见，古人不仅择善人为友，还能择善物为友，由此形成了独特的道德培育场域，并使其成为廉洁文化建设中极具民族特色的一部分。

在《论语》中，孔子预测自己的两位弟子——子夏、子贡的道德走向会明显有别，正是基于他对二人择友取向的判断。《论语》中与择友相关的著名对话还有：

[①] 张燕婴：《论语》，北京：中华书局，2006年，第168页。

  子贡问为仁。子曰："工欲善其事，必先利其器。居是邦也，事其大夫之贤者，友其士之仁者。"①

  孔子希望其弟子一定要积极主动与比自己更优秀的人交往，以保持"君子上达"的状态。他判断只有子夏能够坚持这样做，而子贡却喜欢与那些不如自己的人交往。此外，孔子对择友还有非常生动传神的比喻，他指出，结交善人如入芝兰之室；与不善人居，则如入鲍鱼之肆。变香与变臭便在择友的一念之间，他的话强调了择友对于道德修养的重要作用。

  而孟子认为，自暴自弃的人最不值得交往，此处所指的是言行没有礼义、安身立命不靠仁义之人。这样的人，绝不可与之交往、共事。

  除此之外，传统制度架构下的君臣关系，潜藏着诸多不稳定因素，但中华文化所推崇的理想君臣关系有着情理兼容的内涵。在这种理想模式下，君臣之间并非单纯的上下级隶属关系，其实也是志同道合的良师益友关系，这对廉洁文化的形成与维系机制起到保障作用。

（五）"民富""君富"与廉洁文化

  中国古代的独特国情与较早成形的政治伦理，导致了整个社会长期面临财富配置的问题，具体表现为"民富"与"君富"的矛盾。一方面，孔子、孟子主张除非国有危难，一般情况下，民富为先，君富次之；另一方面，墨家也以兼爱、利民、尚贤、节用为主要思想表达了类似的价值观。历代统治者对此问题的应对可分为两个层面。基础层面要求官员坚决抵制拜金主义，拒绝滥用公权为自己或者亲属谋取利益，同时要求官员对自己权力管辖范围内的不当、不法经济活动要及时整顿，加强法制约束。更高层面则要求官员具备远见卓识，协助君王提前洞察潜在的危机，敢于触动既得利益集团或阶层，积极建言献

---

① 张燕婴：《论语》，北京：中华书局，2006年，第254页。

策，以使国家、社会趋利避害，有效解决或缓解问题。

历史上，"民富"与"君富"的紧张关系，往往反映了国家政治与经济、庙堂与民间之间的深层次矛盾。官员对这种矛盾的不同反应，成为观察廉洁文化运行状态的一个重要窗口。当然，其中还涉及中央与地方的财富配置问题。因为在大一统国家的和平年代，在保障普通百姓基本民生需求的前提下，一般来说，地方政府所拥有的财富比重越大，越有利于地方政府兴利除弊，从而迅速、及时地将财富"取之于民、用之于民"，实现实质性的"民富"。

古代"君富"过度，与普通官民贫富悬殊一样，都可能导致严重后果，小则社会动荡、大则政权倾覆。例如，周厉王贪利弭谤，最终引发国人暴动，被赶下王位；明神宗时期，矿监税使横征暴敛致使天下骚动不安，严重动摇了明王朝的统治根基。这些都是"君富"过度导致国本动摇的典型案例。

在"家天下"的背景下，"国富"近似"君富"。因为国家的财富难免被君主或其亲信势力窃取、滥用、挥霍。同时，往往正是这些亲信势力主张、怂恿君主以"富国"为名聚敛财富，以便他们趁机中饱私囊。所以，真正的儒学之士会十分警惕"国富""君富"积累过多，除非为了抵御外侮，备战备荒，修建必要的利国利民的水利设施、土木工程，否则，其不会同意把财富过度集中到朝廷或君主私人手中。墨家观点亦如是。建立廉洁的共同意识需要君主带头、官员士大夫表率，向往精神生活、节制物质欲望、不看重财富占有，共同建立以"君子喻于义，小人喻于利"和"立德立功立言"为标志的价值观和人生观。从本质上讲，如果拜金主义成为社会的最高价值取向，必然会出现少数人通过各种手段巧取豪夺掌控社会大部分财富的现象。长此以往，这会对民众间团结互助、同舟共济的优良传统造成破坏。所以，清官循吏必须以雅文化为主来构建自己的精神世界，并尽可能巩固和坚守。

再看《郡书治要》引自《汉书》的一段经济理论：

民有余则轻之，故人君敛之以轻；民不足则重之，故人君散之以重。

> 凡轻重敛散之以时，即准平。故大贾蓄家，不得豪夺吾民矣。①

在古代，粮食和食盐堪称民生中最重要的物资，其价格的频繁波动会对社会经济造成极大影响，所以国家应该对其价格采取必要的干预、管控。国家管控的主要目的并非为了求富聚财，而是确保"大贾蓄家不得豪夺吾民"。这种经济管理思想对官德提出了要求，即干预经济旨在防止普通百姓的财富被巨商大贾巧取豪夺——单纯为官府聚财已属不义，为自己聚敛更属贪腐行径。不过，那些没有政治背景或能隐藏政治背景的巨商大贾，在经济问题的政治讨论中，时常也会被视为"民"的一部分。不管怎样，普通民众、巨商大贾、官员是经济上利益有别的三类群体，他们之间的关系并不简单，而儒家所秉持的理性精神和以民为本的价值观，让清官循吏在面对这种情况时，能坚守原则，在复杂的利益格局中守住民生根本。

《大学》中也有对君富和民富问题的思考：

> 德者，本也；财者，末也。外本内末，争民施夺。是故财聚则民散，财散则民聚。是故言悖而出者，亦悖而入；货悖而入者，亦悖而出。②

儒家认为，治理国家，从道德入手是根本，从理财入手是枝节，如果本末倒置，必然会在社会各阶层之间引起争斗，结果往往是财富更多地流入处于优势地位的统治阶级之手。儒家很早就意识到，于统治者而言，得到民众衷心拥戴和掌控大量财富，如鱼和熊掌不可兼得，但两相比较，前者显然更加重要，所以常态下宜散财于民、藏富于民。当国家上下"交征利"的时候，统治者及其依附人群的言论往往充满欺诈，即"言悖而出"，社会必然盛行巧取豪夺，即"货悖而入"。因此也必然招致民众的反抗。这些思考成果，为历史上众多先贤

---

① （唐）魏征等撰，吕效祖点校：《群书治要》，厦门：鹭江出版社，2004年，第228—229页。
② 王国轩：《大学·中庸》，北京：中华书局，2006年，第31页。

积极倡导节制国家、政府、官员对财富的占有，带头为困难中的国家、亲属、乡党、民众捐赠财富，奠定了思想基础。

在中国历史上，不乏君王、贵族、官员蠲免或减少臣民债务、税收的事例。其中最典型的是：清代四川依靠朝廷鼓励、地方官组织的持续约一个世纪的"湖广填四川"运动以及朝廷20余次的大规模蠲免赋税，使四川从赤地千里、人烟断绝，恢复为"西南大都会"。而像孟尝君那样取消或减免债务的官员和士大夫，也屡见于史书和方志记载。这些行为不仅体现了统治者对民众的关怀，也成为廉洁文化表达中最温暖的一部分。

（六）"礼""乐" 与廉洁文化建设

古代中国号称文明礼仪之邦，在五常中，"礼"具有独特的文化地位与社会功能，它既是君臣民共同的核心价值观，又是覆盖人们生存、生活等方方面面的行为准则。这种特质使礼与廉洁文化的形成和维系机制之间建立了多维度的内在联系。

先贤认为，礼的教化作用是潜移默化的，它能防微杜渐，让人在不知不觉中向真善美靠近。"礼"的重要性在《礼记》中已有阐说：

> 道德仁义，非礼不成。教训正俗，非礼不备。分争辨讼，非礼不决。[①]

礼作为道德规范，在中华文化中有两个基本内涵：一是要求人（组织、族群、国家）在与别人（组织、族群、国家）产生交互的具体情境、时空节点下，保持与自己身份地位相吻合的相处方式；二是每一个人（组织、族群、国家）都有需要遵循的行为准则。而礼仪实质上只是这两个基本内涵的外在表现形式。上至帝王将相，下至贩夫走卒，没有人能够超脱于"礼"的规制之外。它不仅

[①] （唐）魏征等撰，吕效祖点校：《群书治要》，厦门：鹭江出版社，2004年，第99页。

关乎各类人际关系能否正常建立，而且决定人神关系的存续与表达。儒家深知，在君臣、父子、夫妻、兄弟等诸多关系中，君、父、夫、兄之于臣、子、妻、弟，官员之于百姓，将军之于士兵，均处在"纲"的主导位置，因此，他们在礼乐的推行方面也应该担起主要责任。这种担当蕴含三重内涵：①要对"礼"的内涵、形式加以与时俱进地传承、丰富；②在行动上作出表率；③通过示范、奖惩、激励等方式推广，使"礼"深入人心。这些无疑都为官员群体设定了价值追求方向。

礼的主要功能是使每一个人明确自身在家庭与社会中的地位和角色，以及规范不同类型的言行举止，在日常实践中主要指对于言行分寸的把握。人人知礼守礼，社会就能秩序井然。与此同时，我们的祖先在神与人之间维持着独到的平衡，他们在日常生活中表现出对天神的敬畏，但在解决问题的实践中，他们更相信和依靠人的力量。所以孔子虽说过"祭神如神在"，但平时"不语怪力乱神"。在对人性的乐观判断和强化教化力量的基础上形成的礼学思想，使我们这个拥有数千年历史的文明礼仪之邦更富有理性的力量。

《论语》载：

> 子贡曰："贫而无谄，富而无骄，何如？"子曰："可也。未若贫而乐，富而好礼者也。"①

孔子之所以要把"贫而无谄，富而无骄"视为次级目标，而把"贫而乐，富而好礼"确立为理想状态，是因为在儒家理想社会里，一个有教养的富人不应仅追求被人羡慕，更应追求被别人尊敬。做到这一点，就可称为君子。中国社会自古以来存在的仇富心理，很大程度上源于一些富人巧取豪夺、为富不仁的行为。②儒家希望社会尽可能多君子少小人，君子的外在表现是"有礼"，而

---

① 张燕婴：《论语》，北京：中华书局，2006年，第9页。
② 参见谭平：《论中国古代的仇富心理》，《中华文化论坛》，2004年第3期。

"好礼"的君子无论贫富,都能为社会注入正能量。

先贤认为,廉洁文化建设的重要内涵之一是切实履行好"五礼"(吉、凶、军、宾、嘉),从而实现明君臣之义、促诸侯相敬、明长幼之序、明男女之别的伦理建构目标。官员对上应引导、鼓励、劝谏君主,对下则要垂范和旌表贤能、奖优罚劣。

国之大事,在祀与戎。在中国古代,君臣最为庄重的活动之一,便是主持或参与重大祭祀活动。这是因为祭祀活动对于体现、强化命运共同体意识具有重要意义。因此,尽管其仪式、程序烦冗,但官员对它的重视程度和完成情况,始终是其官德的直接体现。故《礼记》云:

> 祭不欲数,数则烦,烦则不敬。祭不欲疏,疏则怠,怠则忘。[1]

儒家并不走极端,其在长期的社会观察和实践中理性地认识到,祭祀既不能太频繁,也不能过少,唯有频率适中,才能在庄重的氛围中,实现强化核心价值观和族群意识的功能。就我们的祖先而言,祭神、祭贤和祭祖都意义非凡,但比较而言,祭贤和祭祖在实际生活中发挥的作用更为显著。因为神是抽象概念,且数量繁多,难以被统一效法和模仿,因而神在祭祀体系中的主要功能是使人们产生敬畏;而先贤作为道德与智慧的典范,是世人可以效法的榜样;祖先则是家族亲情的根源,是人们彼此相亲相爱的纽带。

再说"乐"。原始音乐源于自然,而更具有文化特性的音乐则与人类社会生活紧密相连,中华民族的先民们共同孕育了中国早期音乐文化。儒家很早就洞察到,音乐能在潜移默化中影响世道人心,关涉社会治理,所以必须重视。正如《礼记·乐记》所云:

> 音声之道,与政通矣。宫为君,商为臣,角为民,徵为事,羽为物。

---

[1] (唐)魏征等撰,吕效祖点校:《群书治要》,厦门:鹭江出版社,2004年,第112页。

五者不乱，则无怠滞之音矣。①

儒家用五音比附君、臣、民、事、物，在儒家的音乐美学与社会理想架构中，五音和谐是美乐的前提，君、臣、民、事、物和谐则是人间美好安宁的基础，二者有着内在逻辑关联。君、臣、民、事、物状态的异常会通过音乐的旋律、节奏及情感表达等映射出来。因此，音乐的正邪亦能在潜移默化中影响社会风气。基于此，传统儒家认为，音乐为考察社会治理提供了独特视角，所以官员应该养成良好的音乐修养，使音乐发挥滋养廉洁文化的作用。这也体现了儒家的理性精神。

《论语·述而》载：

子在齐闻《韶》，三月不知肉味。曰："不图为乐之至于斯也！"②

孔子本人具有极高的音乐修养，听齐人演奏《韶》乐，竟然使他发出"三月不知肉味"的感叹，这一典故深刻揭示了雅乐独特的教化功能。历史上有许多被时人、后人共同敬仰的贤士大夫留下了与雅乐有关的动人故事。

总之，古代中国廉洁文化建设和整个国家精神家园的建构、内在品德的涵养及外在文明形象的塑造密切相关，而内涵与形式皆十分丰富的礼、乐便是其强大的力量源泉和重要工具。

（七）"师古" "法先王" 现象与廉洁文化建设

古代中国存在"师古""法先王"的特色政治传统，这构成了廉洁文化的重要思想源泉。

《尚书》云：

---

① （唐）魏征等撰，吕效祖点校：《群书治要》，厦门：鹭江出版社，2004年，第108—109页。
② 张燕婴：《论语》，北京：中华书局，2006年，第91页。

> 学古入官，议事以制，政乃不迷。①

这十二字，意在表明应当先学习古人的经验，而后为官从政参以常制，政务才不至于迷错。春秋战国时期，各家学说大多强调师法古人，这并不是反对社会进步，反对创新和变革，而是强调运用先人在治世方面的成功经验。掌握、领悟并借鉴这些成功经验——包括观念或制度——就如同站在前人的肩膀上发展，这反映出一种高度的理性精神。

在农耕文明阶段，人类经验教训的积累与智慧的提升较为缓慢，仅仅依靠当时人的认知水平难以实现长治久安。儒家侧重的"法先王"和法家主张的"法后王"，到底谁更有利于国家发展，历史已经给出了明确的答案。

人类文明史上的轴心时代在中国具体表现为百家争鸣，随后儒家学派脱颖而出，其所开创的思想体系和展现的智慧，后人很难在整体上超越。在中国历史的长河中，那些被后世公认的圣王典范（如尧、舜、禹、汤等）的言论和事迹，成为诸子百家思想的重要来源。就廉洁文化而言，这些同样是必须继承的珍贵伦理道德财富和理性精神遗产。

《礼记·中庸》载：

> 哀公问政。子曰："文武之政，布在方策。其人存，则其政举；其人亡，则其政息。"②

鲁哀公向孔子请教如何为政，孔子告诉他，周文王、武王作为圣君明主，他们的事迹都在简牍上记录着（实际上是劝诫哀公要多阅读）。而从历史经验和教训来看，关键是要任用能奉行圣贤之道的人来治理国家，否则，就没有良好的政治可言。

---

① 李民、王健：《尚书译注》，上海：上海古籍出版社，2004年，第361页。
② 王国轩：《大学·中庸》，北京：中华书局，2006年，第95页。

又如：

> 前事之不忘，后事之师。君若弗图，则臣力不足。①

这段话出自《战国策》，也是上述论断的佐证。总而言之，君主要总览古今，汲取历史智慧，并用以处理重大问题和应对各种挑战。唯其如此，才能筑牢国家长治久安之基。这一观点与20世纪英国首相丘吉尔所提出的"对过去的历史能看多远，决定对未来能看多远"的认识相似，但较后者早了两千余年。早在我国先秦时期，高度重视对历史经验教训的总结、运用，就已经成为社会共识。这种共识也使得中国史学与中国政治形成了良性互动，在推动史学的繁荣、文明的传承延续以及廉洁文化内涵的承继、积淀与丰富方面功不可没。

中国古代史学成就的连贯性与系统性，举世罕见。这一独特的史学传统不仅是中华文明得以延绵不绝的重要支撑，也是廉洁文化形成与维系机制运转的重要活水之源。从诸多方面来看，古代史官、修史机构享有较高的荣耀和地位，许多清官循吏通过阅读前代史书汲取亲贤远佞的精神力量和智慧，他们中的一部分人也成为历史著述的积极撰写者、传承者，由此可见，史学与廉洁文化建构之间存在着密不可分的联系。

在古代中国，不但修史书的官方机构、人员备受尊崇，而且修史书的个人也受到不同程度的崇敬和礼遇。能做到这一点的朝代彰显了开明的胸怀与气度。在这一点上，唐朝和宋朝表现突出，值得后世赞扬。尤其是宋朝馆阁制度中的昭文馆、史馆、集贤院和秘阁，供职其中的士大夫除了享有较高的地位和荣宠，也与皇帝保持着亲密关系。宋代洪迈在《容斋随笔》卷十六中写道："国朝馆阁之选，皆天下英俊，然必试而后命。一经此职，遂为名流。"② 大批具有忧患意识和经世济民情怀、才华横溢的优秀士大夫投身史学创作，使历史

---

① 何建章：《战国策注释》卷十八，北京：中华书局，1990年，第613页。
② （宋）洪迈：《容斋随笔》卷十六，北京：中华书局，2005年，第208页。

文化与智慧同廉洁文化形成与维系机制紧密相连，相得益彰。

总之，"师古""法先王"代表了一种珍视历史文化传统、学习前人智慧、反对并抵制盲目求变的价值取向和思想观念。至于鼓吹"法后王"者，他们在历史上的表现，也不能证明其属于更先进的一方。因为，人类要深谋远虑解决现实问题，所有历史的经验教训，尤其是那些被证明为历史规律的理论以及演绎这些理论的人和事，与只能证明眼前、当下有效的理论以及相应的人和事相比，谁更值得重视，也许是一个见仁见智的历史哲学话题；但尊重并吸纳既有的人类经验与智慧，是实现社会安宁、国家富强、人民幸福的基本保障，这一点应该是毋庸置疑的，而这种态度、立场，与时间远近无关。

（八）尊师、敬老（贤）之于官德

在古代中国，尊师传统的形成，很大程度上得益于孔子在人类教育史上的丰功伟业。美国著名汉学家牟复礼认为，孔子在教育上的伟大遗产包括：开创私人讲学之风；确立教育内容、方法和理想；遵循"有教无类"的教育理念。他心怀景仰地指出：

> 孔子其人，即之则温，仰之弥高……中国文明是一个崇奉学识的文明（learning-oriented），所以孔子的理论价值无量。[1]

西汉以降，中国主流观点认为，教师不论出身如何，都应该受到君民尊敬，学校教育自然也成为国家最重要的事业之一。

早在先秦时期，君王敬贤尊师以达善政的佳话便已不胜枚举，如成汤与伊尹，武丁与傅说，文王、武王与太公，他们既是君臣，亦如师友。及至春秋战国时期，君王以师友之礼敬贤、重贤的故事更是层出不穷。如魏文侯、齐威王能够成为战国时期大有作为的明君，主要缘于他们虽身居高位，却能礼贤下

---

[1] 〔美〕牟复礼著，王重阳译：《中国思想之渊源》，北京：北京大学出版社，2016年，第90页。

士、虚怀若谷,并怀着振兴国家、造福民众的强烈愿望,赢得了卜子夏、田子方、段干木、孙膑等顶级贤士的辅佐。像敬重老师一样敬重贤能,正是儒家"君待臣以礼"这一理念的呈现。

从廉洁文化形成与维系机制的运转来看,尊师敬贤的文化底色对其亦有影响,因此有必要进行阐释。

儒家主张以"德""礼"为主、以"政""刑"为辅来治理国家。君主对践行"德""礼"负主责,其次是各级官员,最后才是民众。这一理念意义深远,它不仅统一了全社会的观念认知,促进了命运共同体意识的形成及延续,而且最大限度节省了国家运转成本,为古代中国实现长治久安提供最可靠的思想保障。教师的使命与功能在于:在实现王道政治过程中,将儒家中的"克己复礼"等思想广泛传播,使之深入人心,从而在全国范围内构建起有效的礼俗约束,激励社会精英自我砥砺,为国家长治久安奠定坚实基础。当然,儒家从来没有走极端,他们并不认为"政""刑"不重要,也不认为"德""礼"可以完全取代"政""刑"在国家治理中的作用。

实际上,早在先秦时期,敬老、养老已然成为社会的共识,是王道政治的必然追求。被敬奉的人群一般在五十岁以上,十年为一轮,所得敬奉递增。这一做法体现了家庭、社会、国家各个层面对老年人的体恤与关怀。

敬老这一美德不仅与尊贤紧密关联,同时还具有更广泛的伦理属性。首先,多数人的认知水平与其阅历的丰富程度相关,因此老年人积累的经验、知识、智慧便值得年轻者学习,从这个角度讲,敬老符合五常中"智"的要求;其次,老者在生理机能和行动能力上相对处于弱势,在社会交往中应得到青壮年的帮扶,这就体现了"仁"和"义"的内涵;再者,敬老体现着"老吾老以及人之老"的道德理念,契合"孝""悌""礼"的要求。此外,古人多短寿,长寿被人们向往,众多老者的存在,一定程度上被视为家庭和睦、社会和谐、生活富足以及政治清明的象征。所以,敬老成为中华民族的共同价值观念,君主、官员自然要率先垂范。

最典型的事例是:清朝康熙帝、乾隆帝为展示太平盛世、弘扬尊老美德,各自举办两次"千叟宴",不论贫富贵贱,最多一次千叟宴受邀老人甚至多达5000余人!这一盛举,真切而温暖地体现出儒家塑造的社会共识。但中国历来疆域辽阔、族群众多,要让敬老、养老真正成为全社会的自觉追求,主要仍得益于清官循吏的努力,他们几乎都是敬老、养老的践行者。

尊老敬贤作为廉洁文化的重要体现,对于建立中华民族心灵纽带、促使中华民族团结统一、消弭隔阂也产生了重要作用。由《宋史》《辽史》《金史》记载可知,宋朝诸多名臣,如范仲淹、欧阳修、包拯等,不仅在宋朝备受尊崇,同时也是辽、金两国官民普遍认同的精神偶像。

(九) 古典学术的功能与特质

我国古典学术十分发达,在众多领域成果卓越,独领风骚。中国传统哲学观念认为,上至宇宙下至人生,皆处于永恒的变动与生生不息的流转之中,所以人必须拥有"苟日新,日日新,又日新"的忧患意识和革新精神。古代中国人整体上主要关注人与现世,而不是神和来世。这种世界观,孕育出"天行健,君子以自强不息;地势坤,君子以厚德载物"的积极人生观。中国古典文学追求天地人和谐统一、追求无限靠近真善美,尤其重视"文以载道",强调文学创作形式和内容的完美统一。这种传统为建构中国特有的知识体系奠定了坚实基础,围绕古代"九州共贯"的统一观念、"以民为本"的治国理念、"修齐治平"的人生追求等主题,形成了涵盖伦理、心理、管理等方面的学术体系。这一学术体系不仅支撑、托举起绚烂的文学艺术,还与儒释道中与之兼容的相关思想相互交融,共同塑造了中国古代君、臣、民共有的精神世界主体。

古代中国学术核心的功能是指导、引领政治,促进社会教化。在这一点上,它尤其能够体现出古代开明政治应具备的宽容和理性精神。而这份责任与担当,在直臣廉吏身上体现得淋漓尽致。他们怀抱忧患意识和经世济民的情怀,传播学术并将之广泛应用于教育和社会治理领域。此外,他们以学术为基,高瞻远瞩,为执政者出谋划策,同时积极谏诤、纠偏。对此,钱穆先生有一段论述值得重温：

> 中国历史上之传统理想，乃是由政治来领导社会，由学术来领导政治，而学术则起于社会下层，不受政府之控制。在此一上一下循环贯通之活泼机体之组织下，遂使中国历史能稳步向前，以日臻于光明之境。①

钱先生认为，古代学术自下而上地发展，与政治领域相互影响。这种循环贯通的模式，催生出一种富有生命力的灵动机制，成为推动中国历史走向辉煌灿烂的动力源泉。

以命运共同体意识为思想基础的古代中国学术，具有如下特质：一是稳健的中庸、平衡、兼顾、和谐观念，二是强烈的忧患意识，三是不倦的经世济民的追求，四是"知行合一"的行知观念与实践，五是海纳百川、包容开放的胸怀。这些特质不仅是优秀士大夫以学术引领政治的有力依据，同时也是他们以学术滋养心灵、陶冶生活，在人生的进退抉择中坚守正道的力量之源。这些特质自然而然地成为了他们廉洁奉公修养中至关重要的组成部分。

古代由皇家或朝廷直接主持的学术盛会，往往影响深远被传为后世佳话。以东汉的白虎观会议为例。此次大会对促进中国经学、伦理学的学术探讨与整合，对推动学术引领政治，产生了积极影响。陈寅恪先生在其著名的《王观堂先生挽词序》中，总结其历史意义时指出：

> 吾中华文化之要义，具于《白虎通》三纲六纪之说，其意义为抽象理想最高之境，犹希腊柏拉图所谓 Eidos 者。②

另外，宋代十分注重对蜀地的治理，派遣众多学问、品格、才华出众的士

---

① 钱穆：《中国历史研究法》，北京：生活·读书·新知三联书店，2001年，第75—76页。
② 陈寅恪：《王观堂先生挽词》，见《陈寅恪集·诗集》，北京：生活·读书·新知三联书店，2001年，第12页。

大夫赴该地任知州、知府等要职,其中包括张咏、张方平、文彦博、宋祁、陆游、范成大、韩绛等。

以韩绛为例。韩绛,宋朝开封雍丘(今河南杞县)人。治平二年(1065年),他以端明殿学士的身份主政成都府,大力提倡文教,修建学馆、讲堂,以促进当地教育发展。他曾在讲堂上举行了盛况空前的"讲礼","府县士民及四方之客殆万人,咸来观听"。

再看《宋元学案》中附记的一个明代案例:

> 嘉靖中,胡柏泉松为太宰,疏解《定性书》,会讲于京师……是日,天下计吏俱在京,咸会象房所,约五千余人。……莫不饫饫斯义。[1]

这是明朝嘉靖年间一场规模盛大的学术盛会,五千多名官员齐聚京师,聆听名臣胡松讲理学名篇,其规模之大、效果之好,也堪称罕见。由此可见,嘉靖年间,政治局势与学术氛围并非一成不变,朝廷显然对学术交流活动持支持态度。许多这样的学术聚会,共同构成了士大夫群体的互动场域。一般来说,这些学术聚会是廉洁文化形成与维系机制发挥作用的重要平台,也是我国古代精神文明建设的重要举措。

纵观中国历史,学术的兴衰与国运的起伏紧密相连。若学术能够健康发展,能应国计民生之需,同时执政者秉持积极、开明的态度,采纳相关学术成果,用以修身养性、治理家国、关怀百姓,则廉洁文化会被注入强大的正能量。

(十)官员染指工商业的危害及其化解之道

古代商品经济的崛起逐渐对廉洁奉公价值观的形成与维系造成危机。究其

---

[1] (清)黄宗羲原著,(清)全祖望补修:《宋元学案》卷十三,北京:中华书局,1986年,第548页。

原因，一方面，随着商品经济发展，巨商大贾们拥有奢侈的物质生活，贫富差距迅速拉大，不可避免地使社会更加看重金钱。面对这种风气，官员们若没有坚定可靠的修养，很难不被金钱诱惑。另一方面，在王朝统治的社会背景下，难以营造并维持公平竞争的市场和社会环境。从整体上看，那些获得权力庇护或支持的工商业者，往往会成为竞争中的强者。如此一来，官员本人或其亲属、代理人，抑或向官员行贿的人，便有机会染指最有利的行业和领域，进而打压其他竞争者。在这样的社会环境中，持续的巧取豪夺、鲸吞蚕食，成为这些人难以抑制的冲动。一旦金钱成为士大夫和民众竞相追逐的首要目标，且经济活动因不公平竞争而充满怨气与暴戾之气时，社会将不可避免地陷入公权力被大规模滥用甚至买卖的困境。在狡黠者获利、忠厚者吃亏的社会背景下，普通民众也会逐渐向暴民、刁民转变。那些原本孕育廉洁文化的社会土壤，如耕读传家、诗礼传家、清白传家、邻里相亲、守望相助、知足常乐等传统观念和风气，将会逐渐变得贫瘠，最终变为"沙漠"。基于维护廉洁文化生态的需求，我们便能理解中国历史上长期奉行"重农抑商"的深层逻辑与古代的社会状况、经济形态以及政治制度紧密相关。[①]

根据钱穆先生的研究，两汉和两晋时期，巨商大贾尤其是官商实力强大，其影响力、市场干预能力也大。南北朝和隋代，官商势力依然不容小觑。到了唐代，社会出现了明显转变，其深层原因一方面是稳定享有特权的贵族阶层逐渐衰落，使得原本依托贵族特权的商业经营模式受到冲击；另一方面，商品经济的发展促使市场规则和商业格局发生变化。自唐中叶迄于明清，商税在总体上有加重趋势，同时，帝王、政府对工商业的管控力度不断加强，中央政府对地方财富的控制力显著提升。这使得依靠稳固政治特权或地方掌控力经商牟利变得愈发困难。在此背景下，拥有巨额财富并凭借财富产生巨大社会影响力的富豪阶层逐渐式微，以至于在社会动乱时期，几乎没有他们的身影。那些坐拥财富、对官府具有明显独立性和诱惑力的"豪族""豪民"渐渐消失，意味着

[①] 参见谭平：《人治与"重农抑商"》，《成都大学学报》，1993年第1期。

政治生态发生了重大调整。拜金主义在一定程度上受到抑制，廉洁文化面临的主要威胁从官员难以抵御商业繁荣之"利"的诱惑、在经济活动中攫取财富，转变为贪污受贿之风的蔓延。官员公开大肆炫富和奢靡享受的风气也逐渐得以抑制。

当然，对这一判断不可做绝对化理解。明清时期，官员染指工商业、用各种手段聚敛财富、与民争利甚至与政府争利（如隐匿土地、人口、资产逃避赋税徭役等）的现象较为突出，然而，诸子均分财产的遗产继承方式使得财富难以集中传承，富裕往往难以长久维系；而且相较于财富，通过科举实现"朝为田舍郎，暮登天子堂"转换的普通百姓更受朝野、家族尊重，拥有独特尊严。因此，明清时期始终未能形成足以抗衡官僚体系的独立豪强阶层。这种"富"与"贵"的制度性分离客观上降低了官员士大夫受拜金主义引诱而枉法、失德，进而染指商品经济的欲望与冲动。

总体而言，面对商品经济，如何引导官员士大夫建构理性认知与价值取向，是一个极具历史价值和现实意义、值得深入追溯与细致探究的议题。自唐五代以后，社会状况发生了一系列显著变化。除钱穆先生所提及的商税沉重、政府对工商业管控严厉这两个影响因素外，笔者认为，明清时期朝廷在治官上整体较为严苛，由此形成的高压态势使得官员在面对商品经济的利益诱惑时，不得不有所忌惮。此外，士林清议形成的非正式约束、养廉银的探索，以及财富与政治地位的分离等因素相互交织、相互作用，共同构成了一幅复杂的历史图景，为我们探讨古代廉洁文化建设提供了多维的研究视角和宝贵的历史经验。

（十一）官员俸禄和用人权配置问题

1. 官员俸禄的确定

官员于制度内所获得的俸禄，决定了其本人及家人在遵纪守法前提下所能达到的物质生活水平。而俸禄标准该如何确定，一直是古代廉洁文化建设中的一大难点。理性思考这一问题并形成相关政策往往困难重重。俸禄的标准通常由开国君主开启讨论，其决策很容易演变为"祖宗成宪"。在确定俸禄标准时，大臣们因自身利益牵涉其中，很难毫无顾忌地表达真实观点，所以这样关键的事项常常由君主独自裁决。

实际上，官员收入水平与他们履行职责（尤其是坚守廉洁操守）状况之间的关系，在不同的历史时期、不同的官员个体身上，所体现出的价值和意义存在显著差异。比如，在某些朝代，较低的俸禄可能会促使部分官员为了维持生计铤而走险、贪污受贿；而在另一些朝代，由于具备严格的监察制度和良好的道德风尚，官员即便俸禄不高，仍能坚守廉洁。但在某些特殊时期，较高的俸禄也未能阻止官员的腐败行为。基于此，今人可以依据以下因素展开探讨。

第一，从人的普遍心理来看，在正常情形下，通过"选贤"机制以及"学而优则仕"途径成为官员的人，其品德与才能往往超越常人。而且，他们在获取官位之前付出了诸多努力，投入了大量资源，肩负着常人难以比拟的责任。这些官员及其家人也因此享有了比一般人更高的物质生活水平。这既体现了国家和社会礼敬贤能、尊重公职人员的"天下为公"传统，是合情合理的，又让官员士大夫及其直系亲属拥有较为体面的生活水平，是符合人性的现实选择。一方面，若官员的生活过于贫困，很难激励有才能之士踊跃追求加入这个对古代天下、国家生存与发展至关重要的群体。另一方面，即便少数修为极高的贤哲无意于高官厚禄，但其直系亲属却很难普遍心甘情愿地接受。所以，在确立官俸水平时，首要的是充分考虑上述基于人性的因素，以此为基础构建合理的俸禄体系，从而更好地吸引和留住人才，保障国家治理的有效运行。

然而，古代儒家思想中浓厚的理想主义色彩（这种理想主义是儒家强大道义力量的主要源泉），在一定程度上影响了官俸问题的合理解决。诸如"君子喻于义，小人喻于利""正其谊不谋其利，明其道不计其功"这样的价值观，以及对历史上物质欲望淡薄的先贤和清官循吏的崇敬与宣扬，都或多或少地对官俸的设定形成了制约。尽管这类官员在历史上始终只占少数，尤其在黑暗世道中更是极少数，但以这种理想主义及历史楷模为标准，要求官员接受不高的俸禄，在道义层面却往往占据上风，难以反驳。一些君王在登基前就对和平年代的官员缺乏好感，在他们看来，低官俸不仅能节省国家开支、塑造天子和朝廷的亲民形象，还能让官员对君王的恩赏感恩戴德，更有利于"忠""廉"官德的维系。此外，儒家的修身养性理论也不提倡官员追求奢侈的物质生活。因为在传统的儒家观念中，这不仅可能阻碍官员追求优雅的精神生活，削弱他们保持进取精神以及"君子上达"的动力，也不利于其子孙道德人格的培养以及优良家风的维系与传承。甚至部分道德修为较高的士大夫会自觉排斥奢侈生活，选择将财富慷慨施与亲朋或投入公益慈善事业。

基于上述因素，历史上一些朝代实行低官俸制度，其中明清两代最为典型。但关于这一制度对廉洁文化形成与维系的实际效果，目前学界尚未达成共识。笔者以为，总体而言，朝廷若有励精图治的明君在位，赏罚及时有力，并且能通过大规模的整治保障国家政策顺利推行，在此基础上，低官俸制度在一定时期内或许能产生效果。然而这种制度平衡极其脆弱：一旦君主素质下滑、社会整体收入水平显著上升，便可能导致官员通过潜规则增加收入的不良风气兴起。

从历史演进规律来看，古代官员士大夫的俸禄设计，应确保官员本人及其直系亲属拥有高于社会中间阶层、堪称体面的生活水准。同时，做到赏罚分明，依据官员的德才表现，通过增减收入逐步实现优胜劣汰。唯有如此，才能在诸多限制条件中找到官民利益的最大公约数，平衡儒家文化中的理想主义和现实主义，使制度得以长久发挥作用。古代官员入仕，既是为了获得体面的生活，更是为了施展修身齐家治国平天下的抱负，实现立德、立功、立言，在家与国两个层面实现超越常人的人生价值。

第二，我们必须认识到，官俸问题具有很强的具体性，并非抽象概念。它涉及多个关键方面：某一时期君王所面对的士大夫群体整体的基本道德水准；当时社会的整体风气状况；固定俸禄与赏罚如何实现良性互动；国家和社会面临的各类棘手问题，既包括需要快速应对的灾难、战争、叛乱，又包括需要长期推进的休养生息、教化民众、移风易俗；以及在每个非短命的统一王朝中，官员队伍随时间推移而膨胀的现象——唐宋时期官员队伍甚至出现剧烈膨胀，此时若官员人均俸禄不减反增，必然导致国家开支大幅增加，进而成为引发国家财政危机的重要因素。此外，官员俸禄还受物价、社会整体收入水平的显著影响。

要将所有这些变量都考虑周全并完全求解，几乎是不可能的。实际上，历史上仅有部分朝代针对上述问题进行了与时俱进的调整或改革。例如，北魏孝文帝于太和八年（484）颁布俸禄制，明确规定俸禄以外贪赃满一匹绢布者处死，改革成效显著。庆历新政中的"均公田"，实质是对官员收入来源之一的职田数量进行调整。王安石也曾推行类似养廉银的举措，提高官员俸禄，他向皇帝解释此举能使官员自重而不敢违法，但因当时"良吏寡"，导致整体效果不佳。可见，养廉银仅对有一定官德的官员有效。张居正变法中的考成法（尊主权、课吏职、行赏罚、一号令，将官位得失与赏罚，同官员履职情况紧密挂钩），则取得了明显成效。清代实行养廉银制度，同时默许"冰敬""炭敬"等。

总之，古代中国的具体国情及诸多制约因素，决定了构建官员俸禄水平与官德建设的良性关系绝非易事，其改革效果也不能一概而论，其中的经验教训值得我们深入总结。

第三，在传统伦理道德的要求下，官员不仅要供养自己的直系亲属，还承担着帮助因各种原因前来投奔或寻求救济的亲属乃至故旧的道义责任。通常，越是贤能的士大夫，越愿意慷慨解囊，与这些人同舟共济，实际上也是他们践行命运共同体意识的体现。历史上诸多名臣都有在显达时努力接济众多亲朋甚至乡党的动人故事，成为"乡贤"的典范。然而，矛盾之处在于，贤能的士大夫越多接纳亲党投奔或给予赈济，就越容易陷入经济困境。对于这类官员，明君一般会及时给予嘉奖，但可惜这样的明君并不多见。

第四，《礼记·曲礼》中"刑不上大夫，礼不下庶人"的观念影响深远。基于此，古代官员在官场与社会交往中，往往需投入一定的"礼仪资本"，以展现与其身份、地位和声望相匹配的体面。这是因为，在传统观念下，官员的言行举止代表着朝廷形象，因而其社交礼仪规范更为严格，相应的交际成本也更高。中国素以文明礼仪之邦著称，这种文化背景既为廉洁文化形成与维系提供了重要土壤，也对官员的言行举止和外在形象提出了特定要求。若官俸过低，官员在社交场合难以展现应有的庄重与尊严，有损朝廷体面；而若官俸过高，又可能致使官员在交往中奢侈放纵，引发吏民反感，成为社会上仇富、仇官情绪滋生的诱因。因此，合理确定官俸水平，在保障官员体面交往与避免奢侈过度之间寻求平衡至关重要。

2. 官吏任用权的收放

在中国古代，朝廷直接任用官员的级别和任用权的收放，始终关乎选贤举能的实效。理论上，朝廷任用官员的级别越低，全社会的向心力与凝聚力就越强，反之则越弱，这也是历史进程中朝廷任用官员级别逐渐降低的重要原因。但这种做法的弊端也是显而易见的。即便皇帝能力再出众，也难以全面且高效地识别与选用最合适的基层官员。在通过科举取得功名者和考绩合格者数量持续增加，而官位稀缺，供需矛盾日益尖锐的情况下，朝廷用人最终难免陷入论资排辈的困境。地方高级行政长官自辟僚属（汉代最为典型）的传统在后世仍有部分保留，宋代以后，该项权力基本收归朝廷。清代，地方主官手下由朝廷给予正式职位和俸禄的僚佐较少，主官聘请幕僚反倒有利于发掘和任用真正有能力的人才，其中部分表现突出的优秀幕僚还能获得一定程度的重用。钱穆先生在《国史大纲》中对这一问题有相关论述：

> 一方面又因用人进退之权，完全集中于中央，欲求精密而反不精密。汉有辟除，故选部不劳。自隋一命之官皆授之朝廷，州郡之官悉归于吏部，唐承而不革。……群天下之士，决于一、二有司之目，察其貌言，考其书判，任公力所不逮，容私何所不至。请托纵横。奸伪百出。[①]

官员的铨选、升降由"一、二有司"决断，根本无法做到全面客观公正，反而容易导致"请托纵横，奸伪百出"的乱象。可见，宋代将选人用人之权几乎全部收归朝廷，与汉朝赋予高官和地方首脑一定的用人自主权及举荐权相比，各

---

① 钱穆：《国史大纲》，北京：商务印书馆，2010年，第436—437页。

有利弊。

对于官德而言，在汉朝的察举、征辟制度下，若举荐者素质可靠，同时对举荐结果负责，充分使用其权力，且不形成权力垄断，举荐者便不会忽视被举荐者的基本德才状况。这些因素共同作用，能够形成一种基于孝廉、茂才、贤良方正或贤良文学等标准的廉洁官德维系机制。相较而言，科举制虽存在内容僵化、考核机制不够全面客观、候任官员积压等弊端，但在人治传统下，其仍是相对较优的制度，它极大地降低了选官任能的不公平性与随意性，有效防止了政治垄断阶层的重现，这对廉洁文化的形成与维系，以及廉洁文化所需的政治、社会和文化生态环境的营造，可谓功不可没。

在选贤举能方面，吏部官员肩负着主要责任。然而，当吏部对选人用人事宜管得过宽、过细时，便会出现心有余而力不足的状况。相对而言，在京城任职的官员，因身处政治核心区域，自然拥有更多被重要人物关注和赏识的机会，从而更易获得升迁。然而，由此也衍生出一个严重弊端：无论是以吏部为代表的朝廷选人用人观念，还是官员自身的认知，都普遍存在重京官、轻地方官的倾向——这是历朝历代难以解决的吏治难题。

重京官、轻地方官的风气，对于地方官员切实履行职责以及获得公平的回报极为不利。但受限于古代的政治架构、地理环境、交通条件和通信水平等现实因素，这一问题难以得到有效解决，逐渐演变成众多朝代久治不愈的痼疾。

（十二）"养士"的价值

养士既是一种价值观，也是一种培育人才的制度。所谓养士，就是天下、国家在物质和精神生活等多方面给予德才之士优待与宽容，其核心目标是助力士大夫实现愉悦生活与德才涵养，其中经济成本并非首要考量要素。

在中国古代，何种成长环境下最易孕育出具有文化自觉、天下担当的士大夫，乃至成就孟子所提倡的"富贵不能淫，威武不能屈，贫贱不能移"的大丈夫品格？这是笔者多年来始终在思索的问题。中国历史上养士有两个高峰期，即春秋战国和两宋时期。这两个时期，养士思想活跃，相应地，涌现了大量具有文化自觉和天下兴亡担当意识的士大夫。

春秋战国时期，以四公子养士为代表的养士传统与精神，成为中华文化轴心时代的重要特征之一，其影响极为深远，对此前人论述众多，本书不再赘述。

宋朝高度佑文，中高级官员俸禄优厚。在北宋中前期以及南宋孝宗时期，形成了历史上仅次于春秋战国的养士环境，且其影响持续了近三个世纪，成效显著——众多宋朝士大夫展现出对天下、国家和民众的主体责任意识与忧患意识。值得注意的是，宋朝佑文、养士政策的形成，既受五代之后人才凋零的社会背景影响，亦得益于太祖、太宗开创的皇室带头崇文风气，二者相辅相成。与其他朝代相比，宋朝士阶层在多数情况下可以免受君主猜忌嗜杀、后妃外戚跋扈、文字狱、特务横行、宦官专权等因素带来的心理高压，官场竞争相对温和。与此同时，雅文化在宋代社会备受推崇，其文艺形式与成就，甚至影响了周边少数民族地区；印刷出版业的繁荣为文化传播提供了条件；儒、释、道在碰撞中逐渐形成新的思想体系。这些因素促使士大夫中涌现出了大批杰出人物，他们具有强烈的主人翁意识和建功立业意识。在宋朝的官德体系中，努力成为博学鸿儒或通过科举入仕，凭借在朝野积累的学术地位和道德声望积极建言献策，引领国家健康发展，甚至通过稳定的君臣互动，引导天子走向"内圣外王"，成为显著特色。而宋朝客观存在的难以克服的内忧外患，又让这些自幼熟读儒家经典、因科举改变命运而心怀报答君恩的士大夫，不断产生强烈的以天下兴亡为己任的意识，欧阳修、司马光、范仲淹、王安石、张载、岳飞、韩世忠、朱熹、虞允文、文天祥等皆是如此。宋朝是高级士大夫中道德高尚者极多的朝代，他们发挥着巨大影响力，甚至成为辽、金、夏等国君臣崇拜、效仿的偶像，比如辽朝、金朝士大夫对司马光、苏轼、欧阳修等人就极为崇敬，宋代众多文豪、名臣及其作品在周边少数民族政权地区也得到广泛传播，家喻户晓。

北宋后期，党争出现，标志着养士所需的政治生态恶化。党争不仅是学术和道德影响力之争，也包含了各地域人群体利益之争。这一时期，儒、释、道的整合融汇尚未形成广泛共识，而"学术"从理论到"经世致用"转变，要求士人对君主、朝廷发挥引导作用。不同学派的官员为施展抱负，难免在皇帝面前各执一词，争取自己的理论和谋划得到君主认可。仅是王安石变法以及洛学、蜀学、新学之争中的众多争论，就能够反映出这一点。这种争执事实上是情绪化的表现，加上士大夫之间品格、个性、语言的差异，以及南北士大夫基于自身特点的相互疏离，产生了大量矛盾，导致北宋末期政治、人文生态恶化，小人、奸佞崛起并占据主导地位，最终引发靖康之耻。南宋在巨大的耻辱和危机中诞生，尽管有高宗、孝宗时期的短期振作，尤其是孝宗"乾淳之治"，养士格局在一定程度得以重现，但宁宗以后，君王懦弱，大多时间由权臣、奸臣掌权，少数民族政权崛起并侵略宋朝领土。因此，南宋的养士制度已无法与北宋时期相媲美。不过，整体来看，两宋依然是秦朝以后体现并受惠于养士最突出的朝代，包括廉洁文化建设在内的众多在当时世界处于领先地位的成就，都与之密切相关。

此外，宋代的科举和养士相辅相成，对出身寒门而跻身高级士大夫行列者产生的积极影响尤为显著。正如钱穆先生专门讨论讨的杨燕、戚同文、范仲淹，他们皆为士林标杆与表率。除此之外，文天祥、张世杰、陆秀夫等众多英杰也以生命诠释了宋代养士对官德的重要奠基作用。

（十三）古代廉洁奉公的四种官员类型

在中国古代，士大夫们的修齐治平之路各不相同，其经历、境遇千差万别，仅就是否达到"三立"境界而言，不同士大夫之间也存在差异。因此，若仅基于少量时间、地点或事件，轻率地评述古人是否廉洁奉公，便难保公正客观。即便能纵览研究对象的生平，若不将其与同类人物做长时段对比分析，往往也难以得出经得起历史检验的结论。所以，建立必要的评价坐标，或许能为我们评价历史人物的官德提供共同探讨的基础。

从人类历史发展规律来看，几乎每一个王朝发展到一定阶段后，都会形成难以遏制的既得利益集团，滋生诸多顽症痼疾。在分合盛衰的循环中，中国能以宽广胸怀实现螺旋式上升的文化接续与再创造,保证文明数千年未曾中断。在中国古代,除少数时段通过革命或其他手段,较为彻底地铲除或压制了不法势力,使天下、国家得以整体蒸蒸日上、国泰民安外,大部分时段处于"带病生存"状态。

面对"带病生存"的社会,官员则相当于"医师"与"护士"。他们需要应对的"病症"千差万别。更何况,"医疗团队"能否精诚协作、有效遏制病灶,更存在诸多变数。因此,要准确评估某一时期的廉政文化生态,实非易事。当国家积弊深重、顽疾缠身时,执政者与地方官员往往面临艰难抉择:是维持现状、带病生存,还是推行刮骨疗毒式的改革以寻求转机?这一抉择考验着每一位政治家和试图以学理匡正时弊的士人。事实上,若既得利益集团盘根错节,恶性循环的痼疾已然形成,任何试图力挽狂澜的改革,都如同在捅一个巨型马蜂窝。此时,若要从学理与实践层面精准诊断弊端,制定切实可行且能扭转乾坤的方案,并最终落实推行,其难度堪比求解一道无穷维的数学命题。然而,危机终究是危机,苦难终究是苦难,悬崖终究是悬崖。在此情境下,廉洁奉公的官员群体往往分为以下四种类型:

其一,包拯、海瑞类。这类官员的人格特征是廉洁清正、刚直不阿、宁折不弯。他们直面并决心治疗"病灶",但性格特征决定了他们极难跻身足以推动全国性改革的核心权力层,并获得天子足够力度和长期的支持,所以他们只能在局部动手术或下猛药。他们毫不妥协,主要从伦理道德层面勇敢且高调地痛揭社会溃疡并予以剔除,进行以道德为主、技术为辅的挽救,希望借此重塑政治生态的决定性因素——世道人心。由于手中的"硬实力",即权力十分有限,他们只能寄希望于采用冒着巨大风险高调宣示并带头践行道德的举动,警醒朝野,促使社会从危机困境中摆脱出来。这类清官循吏的历史价值主要体现在三个方面:首先,他们为改革派奠定了坚实的道义基础;其次,他们影响舆论,在一定程度上起到了激浊扬清的作用;最重要的是,他们树立的道德标杆不仅影响了当朝少数不与既得利益集团同流合污的士大夫,更成为后世无数官员和士人培养官德、坚守廉洁理想的精神源泉。他们的事迹通过正史记载、文学创作和民间传说代代相传，构成了廉洁文化机制顺利运转或在窒碍以后重新恢复活力的重要推动力量。

其二，王安石、张居正类。这类官员的特征是充满自信、敢于担当。当国家深陷严重的政治、经济、社会等多重困境之时，他们试图以"大手术"的方式解决问题——毅然决然地通过大规模、系统性的改革举措来力挽狂澜，拯救国家于危难之中。他们凭借自身的才能与机遇，得以登上宰辅高位，并且在改革的特定时期，赢得了君王在思想、理论和改革方法上的理解与支持。然而，其改革举措犹如一把利刃，深深刺痛了各种既得利益集团，同时也引发了那些秉持不同政治理念与改革思路者的强烈反对。这使得改革在推行过程中阻力重重。改革本身面临着诸多复杂难题，几乎是一项难以完成的艰巨任务。在改革进程中，他们被赋予了空前的权力，而权力的高度集中，难免会滋生一些问题，如部分官员在权力的诱惑下，出现了有悖于道德规范的言行。与此同时，改革还被一些投机钻营、阿谀奉承之徒利用，他们在执行改革措施时阳奉阴违，肆意歪曲改革本意，使得改革举措在实施过程中严重变形，给反对者留下了把柄。此外，全国性的改革需要从上至下各级官员的紧密配合与全力协作，但实际上，许多官员对改革心存抵触，表面应付，暗地里拖延、抵制，导致改革在部分地区形同虚设，最终沦为无用功。这些负面问题被既得利益群体以及政见不合者不断放大、恶意曲解，导致原本支持改革的君主也开始动摇，甚至放弃改革。这类改革者及其志同道合之士在历史上人数并不多，他们的改革行为不仅在当时引发了巨大争议，毁誉参半，后世同样有着不同评价，甚至至今未有定论。尽管这些改革的结果往往不尽如人意，却具有不可磨灭的精神价值：首先，展现了临危受命、不辞艰险，拯救国家与天下的担当精神；其次，彰显了逆势而上、"知其不可为而为之"的坚定信念。此外，他们殚精竭虑谋划改革，并将其付诸实践，为后世留下了极为丰富的经验，成为后人研究和借鉴的宝贵财富。诚如钱穆先生的评价：

> 范仲淹、王安石革新政治的抱负，相继失败了，他们做人为学的精神

与意气,则依然为后人所师法,直到最近期的中国。[①]

其三,王旦、徐阶类。这类官员的特征是坚守官德底线、处世"外圆内方"、善于审时度势。他们是正直官员群体的代表,在各类官员类型中数量相对较多。当国家面临诸多复杂问题时,他们通常认为难以在短期内彻底改变现状,更倾向于承认国家"带病生存"的状态,主张采取耐心调理的方式来应对。具体而言,即先努力适应现实的政治生态环境,坚持自身的道德操守和原则底线,积极调和君臣、民众以及士大夫阶层之间的矛盾。在此基础上,谨慎地推出那些经过深思熟虑、切实可行的政策举措;而对于那些没有把握、风险难以控制的事务则会选择回避。在适应政治生态的过程中,他们与既得利益集团之间较少发生尖锐冲突,但自身始终坚守道德底线,绝不随波逐流。面对国家存在的种种难题,如果难以从根本上扭转局势,他们就会采取保守的治理策略。其价值体现为:首先,他们是维持和平年代国家机器平稳运转的关键力量;其次,他们身上彰显出以稳健、严谨为代表的政治理性精神;再者,他们致力于缓解社会矛盾、维持社会秩序的稳定,体现出一种温和的道义情怀;最后,他们的行为方式和政治理念具有很强的可模仿性和可传承性,为后世官员提供了良好的范例。

其四,文翁、廉范、张咏类。这类官员的主要特征是具有深厚的亲民、爱民、惠民情怀。在地方治理过程中,他们积极作为,一方面努力兴利除弊,通过修建水利设施、发展教育事业、整顿地方经济秩序等实际行动,为当地百姓创造更好的生活条件,造福一方;另一方面,他们以身作则,以自身的廉洁行为为民众树立道德标杆,引领良好的社会风气。同时,他们积极整饬地方吏治,加强对下属官员的监督与管理,严厉打击贪污腐败行为,从制度层面和道德层面双管齐下,确保地方政治生态的清正廉洁,为地方的长治久安奠定了坚实基础。

[①] 钱穆:《国史大纲》,北京:商务印书馆,2010年,第580页。

总之，上述这四种类型的廉洁奉公官员，分别源自不同性格特点、知识结构和人生际遇的士大夫群体。他们身上都蕴含着满满的正能量，彼此之间并无高低优劣之分，其所体现的优秀廉洁文化，值得我们珍视并大力传承。

第二节　命运共同体意识、雅文化与官德

自古以来，中国人之间的关系本质上多为共同利益大于矛盾、冲突，这反映了中国人所具有的一种命运共同体意识。所谓命运共同体意识，是指一个族群或人群，必须同舟共济、相亲相爱、互相包容的意识。正是凭借这种意识，我们的祖先才得以凝聚力量，共同应对包括地震、水灾、旱灾、蝗灾、瘟疫、外敌入侵，以及内部权力配置严重失衡等各类天灾人祸。国家政权作为维系命运共同体的关键架构，承载着所有中国人利益的最大公约数，历代先贤以维护国家政权稳定为己任，从而保障命运共同体的延续与发展。

一、"公""私"之辨

命运共同体意识的核心表达是"天下为公"，而与之相悖、最具消解作用的力量便是"天下为私"。因此，对于为官者而言，不管是为人处世，还是治国理政，其道德水准与实际表现，都集中体现在对"公"与"私"的分辨和抉择上。在中国古代，不论是孔子所憧憬、缅怀的"大同"社会，还是家天下之后的"小康"时代，主流文化要求君王和官员士大夫在掌握和行使权力时应秉持先公后私，乃至大公无私的态度。这种要求从未被摒弃，已然成为一种类似社会公理般的存在，哪怕只是具有基本文化教养的人，都有这种认识。

　　　　天下者非一人之天下，天下人之天下也，与天下同利者，则得天下。

> 擅天下之利者，失天下。①

据称，这段话出自吕尚所著奇书《六韬》，表达了一种契合现代民主政治理念的天下观，蕴含着中华民族共同体根本的价值判断，是从道义层面制衡君主、官员私欲膨胀的有力武器。在王朝体制下，极大的治理难题，同时也是廉洁文化形成与维系机制重大的隐患，就是位高权重者在缺乏有效制衡的情况下，极易被权力腐蚀，胆大妄为，而能够在道义上对他们加以遏制的，正是这些天下公认的基本伦理准则。

荀子认为："故君人者，爱民而安，好士而荣，两者无一焉而亡也。"② 他指出，爱民与好士是君主治理天下的两大关键点，缺一不可。其目的在于使德厚者、廉节者居于高位，防止佞谀、贪利之人得势。西汉刘向也曾指出："《书》曰：'不偏不党，王道荡荡。'言至公也。"③ 在汉儒的观念中，尧舜禹皆为践行"王道"的典范。这方面的典范还包括如伊尹、吕尚、周公等实际执政者。《诗经》中赞美西周诸位先王先贤——他们开创了光明正大且上行下效的政治格局。与之紧密相关的公与私、端方与诈伪、诚信与夸诞，都是是否坚持"至公"的体现，有教养的君子不可不慎而待之。这种"天下为公"的官德传统，实植根于中华民族源远流长且与时俱进的命运共同体意识。

关于命运共同体意识及其衍生的情感，历代仁人志士均因时立说。本书认为，自先秦以降最能打动后人的当属宋代大儒的观点。例如朱熹《近思录》载：

> 伊川先生曰：公则一，私则万殊。"人心不同如面"，只是私心。④

---

① （唐）魏征等撰，吕效祖点校：《群书治要》，厦门：鹭江出版社，第482页。
② （唐）魏征等撰，吕效祖点校：《群书治要》，厦门：鹭江出版社，第620—621页。
③ （汉）刘向撰，向宗鲁校证：《说苑校证》卷十四，北京：中华书局，1987年，第343页。
④ （宋）朱熹、（宋）吕祖谦撰，张京华辑校：《近思录集释》卷一，长沙：岳麓书社，2009年，第79页。

秉持公心者表里如一，而被私欲主宰者则言行各异。所谓"人心不同如面"，意即人的私心私欲种类繁多，使人表里不一。这里的"一"与"万殊"之辨，不仅道出公私之别，更暗含深刻之理：秉公而行，则人心自然归附，众志成城；徇私妄为，必然导致人心涣散，尔虞我诈。

宋儒张载的阐发尤为后人认可。《宋元学案》记载了张载的名言："为天地立心，为生民立命，为往圣继绝学，为万世开太平""民吾同胞，物吾与也"。[①] 其中前者是愿意肩负命运共同体最高使命的大丈夫宣言；后者以"民胞物与"为核心，是家国一体，统治阶层必须主动与普通百姓同舟共济、相亲相爱的命运共同体意识的真情表达。历史上，张载及其弟张戬居官临民时秉持这样的信念，始终甘守清廉，亲民、爱民、护民，并以德礼为主，化民、惠民，成为关学的宗师及士林、清议敬重的对象。百姓则把张氏兄弟视为可遇不可求的"青天"。在这方面，弟弟张戬甚至比张载更出色。在中国古代历史上，如张载这般追慕"三代"和文武、成康之治的士大夫数不胜数，因为那时的圣君明主之治最接近命运共同体意识的标准。

除了经书、经学，以司马迁为代表的中国古代历史学家及其著述，也是命运共同体意识建构、传承不可取代的重要力量。儒家学说的主流价值观正是通过史册得以代代传承与弘扬。许多明君和清官循吏正是在阅读历史的过程中得以亲近真善美、远离假恶丑，甚至铸就终身不可动摇的道德情操。

二、命运共同体意识与国运

发轫于东亚，得长江、黄河等诸多河流滋养的中华民族，很早便在这片广袤土地上开创了灿烂的农耕文明。观中国古代国情，其幅员之辽阔、族群之多元、地理之复杂，三者交织，必然要求强有力的中央统合。随着中央集

---

① （清）黄宗羲著，（清）全祖望补修：《宋元学案》卷十七，北京：中华书局，1986年，第664—665页。

权程度的提升与农耕文明的发展，相应的治理理念与意识形态，亦有所演变。

集权制度利弊相伴，一些享有特权的君主和各级权贵、官员的腐败与恣意妄为，会使国家内部权力结构与运转严重失衡，多数人受到的损害越来越严重。终有一天，当已然背离命运共同体本质的政权被摧毁，将建立起另一个多数人能够接受的新政权。那些腐败、作恶人群造成了国家倾颓，自身通常也会身死名裂。在严酷竞争中建立起来的新政权，必然是能重振命运共同体意识、赢得兆民归心的新政权。

从中国大历史的宏观视野来看，历代王朝的盛衰沉浮与国祚长短，皆与其能否构建并巩固全社会尤其是统治阶层的命运共同体意识，并将这一理念切实转化为统御天下、经世济民的根本准则息息相关。这种努力的深度与成效的高低，直接决定了王朝的生机与国运。而此种努力及其所达成的实效，亦自然成为廉洁文化得以孕育、维系并运转的核心动力。

三、命运共同体意识下的官德理念

（一）天下、国家中的君主与官员

中华民族的胸襟和智慧自古便独树一帜。在石器时代与青铜时代交替之时，我们的祖先便以"天下"与"国家"这两个概念，表达族群的存在形式与状态。前者是对文化软实力的建构与描述，意指共同文化与心理联接的族群及其生存空间；后者更多的是依靠硬实力的刚性表达，包含进行政治治理，有固定规则、秩序的意味。冯友兰先生认为：

> 中国是一个大陆国家。在古代中国人心目中，世界就是他们生活的这片土地。在中文里，有两个词通常被用来表达世界，一个是"普天之下"，

一个是"四海之内"。①

这无疑指地理、空间意义上的"天下"。梁漱溟先生进一步指出：

> 两千多年来中国是一个文化统一的大单位，而政治的统一从之。它是以天下而兼国家的。凡是以文化统一起来的，都抱着天下观念。说天下便没有界限；而在政治单位的国家，却少不得此疆彼界。中国人一向是天下观念；西洋人当其中古基督教文化统一时亦如此。他们近世的民族国家，就是打破文化大单位而出现的政治小单位。国家观念亦因之代天下观念而兴，我们合而他们分，就在此。②

中华文化自西汉以来，以儒家文化为主干，软实力得到充分发挥，软实力与硬实力结合，刚柔并济，应对挑战，并推动核心价值观的传承与创新。在中国人心中，统一的"文化中国"是永恒存在的，而"政治中国"即便历经分裂，最终也能在各族人民共同的向往中重归一统。梁先生的论述也揭示出，古代中国君主、官员所具有的领土、人口、疆域等意识，在近代化进程中出现了问题，这也导致近代学者在评价历史上官员处理领土、疆域、民族问题时，在伦理层面产生困惑。

对古代"天下"观念的认识，可以从古代朝野敬畏"天"，坚持天地祭祀的行为来审视。直至清朝，祭天都是帝王最重要的庄重活动。"天"具有判断善恶，以吉祥或灾异示警的功能，是廉洁奉公价值观形成和维系机制中显性存在的一环，因此，王朝常使用文化象征意义及统治合法性更高的"天下"一词来指代自己。天、地、君、亲、师，成为包括君王在内所有人敬畏的对象，这在一定程度上保证了中国古代的开明政制，并为廉洁文化形成与维系机制提供

---

① 冯友兰著，赵复三译：《中国哲学简史》，北京：世界图书出版公司，2013年，第10页。
② 梁漱溟：《中国文化的命运》，北京：中信出版社，2013年，第90—91页。

了必要的政治生态。

原始社会后期贤明首领（如五帝）在位时期留下的美好记忆，经过儒家思想的系统阐发，成为"天下"的标准蓝本，禹、汤、文、武等开国明主身上的某些素质和成就彰显了"天下为公"的精神；而其他时期，包括夏商周绝大部分时段，尤其是秦代以后，国家即是各阶层、各族群所维系的命运共同体。[①]本书所使用的命运共同体概念，兼顾"天下"与"国家"，但在特殊情况下——当两者出现紧张关系时，"天下"在伦理天平上的分量高于"国家"。因为在儒家文化的观念中，以"天下"为蓝本描述的祖先，其首领"天子"不仅代表上天意志，是道德情怀的制高点，还带有理想主义情调。"天下"以"为公"的"大同世界"为思想背景，而"国家"则代表的是"家天下"的小康时代。"大同世界"是孔子所憧憬的理想社会，"小康"则是伦理道德要求相对较低，但仍能有效治理、比较和谐的状态。严格来讲，一般历史记载所言"天下大乱"，主要是指世道人心的普遍沉沦、混乱，而"国家兴衰"则初指诸侯国，后来指大一统时期王朝的沉浮兴灭。《周易》"保合大和，乃利贞。首出庶物，万国咸宁"[②]，从哲学角度阐述了"天下"这一命运共同体，表明其建构可跨越国界，体现了中华文化将命运共同体意识放之全人类的博大胸怀。

中华文化主张"君子"应效法天地，自强不息，厚德载物，成为天下、国家各个层面应对挑战、开拓进取的中坚与榜样。这一主张堪称中国雅文化的活水之源，官德建设核心内涵的精练表达。做圣君与做循吏本质上都是追求"至善"的过程，这一过程面临诸多困难，如权力腐蚀、欲望膨胀。在人治状态下，外在制约力量难以长期稳定保持，这决定了"君子"须具备坚定的道德信念与深厚的修养，吸收历史和现实的经验教训，敬畏"天地君亲师"和史册，否则易陷入"靡不有初，鲜克有终"的困局。因此，古代思想家倡导自我惕

[①] 商务印书馆《古代汉语词典》"国家"条：古代诸侯称国，大夫称家，亦泛指整个国家。《孟子·离娄上》："人有恒言，皆曰天下国家。"《汉书·高帝纪》："填国家，抚百姓，给饷馈，不绝粮道，吾不如萧何。"

[②] （唐）魏征等撰，吕效祖点校：《群书治要》，厦门：鹭江出版社，2004年，第1页。

厉，以达成功德。

总之，不管是基于空间概念还是时间概念，"天下"与"国家"都是有区别的，尽管后来出现了混用，如"家天下"的大一统王朝，但其皇帝和官员代表的国家政权仍在观念上强化"为公""光明正大"和"自强不息"，以维护各方利益，构建官员伦理道德，强化"万民"休戚与共的情感。

（二）文武之道

中国古代官僚体系以文治武功为纲，官员分列文武，各司其职。中华民族虽崇尚和平，却深谙"忘战必危"之理，《史记》更是明确指出"文武并用，长久之术也"。在此背景下，历史对"出将入相"之才尤为推崇，如唐代李靖、宋代范仲淹等文武兼备者，历来被奉为楷模。中国古代先贤对战争与政治、战争与和平的辩证关系有着精辟论述，近人研究亦是成果丰硕。从廉洁文化视角看，中国古代文明所崇尚的"儒将"集仁者之心、智者之谋、勇者之魄于一身，不乏如虞允文等以文臣之身而任统帅之职者，他们以"不嗜杀伐"的武德和"清廉自守"的官德，诠释了"仁义之师"与"威武之师"的统一。

费正清先生曾指出：

> 在中国精通文武之道的儒将们看来，战争的最高境界是"不战而胜"。[①]

郑观应在《盛世危言》卷六《兵政》中论述历代名将，云：

> 古之为将者，经文纬武，谋勇双全。能得人，能知人，能爱人，能制人。……如春秋时之孙武、李牧，汉之韩信、马援、班超、诸葛亮，唐之李靖、郭子仪、李光弼，宋之宗泽、岳飞，明之戚继光、俞大猷等诸名

[①]〔美〕费正清著，黎鸣、贾玉文译：《费正清自传》，天津人民出版社，1993年，第583页。

将,无不通书史,晓兵法,知地利,精器械,与今之泰西各国讲求将才者无异。①

此段论述非常精辟,所举例子也十分恰当。作为将帅,要想具备稳定的官德,须"通书史",这是帮助武将摆脱粗鲁、残忍和骄横习气的基本途径。正因如此,历史上那些伟大将领深夜挑灯苦读的场景才能成为流传千古的经典画面。

中国古典文献记载中的"文武之道"蕴含着深刻的治理智慧:治国理政需刚柔并济、张弛有度,要合理把握政策力度,以实现最优治理效能。这种要求既是对执政者政治智慧的考验,更是对其官德修养的高标准衡量。

(三)基于文化自信与廉洁伦理的人文愿景

中国古代长期保持繁荣富庶与文明强盛,造就了深厚的文化自信与民族自豪感。西汉陆贾与南宋思想家陈亮的论述,生动展现了国人对"中国"的认同与骄傲。陆贾在劝诫南越王赵佗时言道:

> 中国之人以亿计,地方万里,居天下之膏腴,人众车舆,万物殷富,政由一家,自天地剖泮未始有也。②

陆贾的话,虽对汉初实际情况有所夸大,但统一王朝稳定后的盛况确实大体如此。再看陈亮心中的"中国":

> 臣惟中国天地之正气也,天命所钟也,人心所会也,衣冠礼乐所萃也,百代帝王之所相承也。③

---

① (清)郑观应著,辛俊玲评注:《盛世危言》卷六,北京:华夏出版社,2002年,第362页。
② (汉)司马迁:《史记》卷九十七,北京:中华书局,1959年,第2698页。
③ (元)脱脱等:《宋史》卷四百三十六,北京:中华书局,2000年,第10085页。

南宋虽偏安一隅，但在陈亮心中，它仍是"中国"正统所在，自然也就该具备令人骄傲的属性。

在中国大一统王朝正常运转的大部分时期，上述言论基本写实。基于此，这些观念和情感，既是中华文明生生不息的力量之源，也是廉洁文化形成和维系的总体价值基础。因此，与命运共同体意识伴生的人文愿景内涵十分丰富，情感基调是乐观豪迈的。在和平年代，人文愿景的内涵主要表现为："天下为公"的社会理想；选贤举能的选官机制；德主刑辅的治国理念；讲信修睦的社会伦理；人人皆可成为君子甚至尧舜的乐观人性论；等等。而在改朝换代之际，人文愿景的内涵最突出地表现为：视独夫民贼、暴君污吏为天下公敌；尊重前朝贤臣良将；安抚流亡、与民休养生息等。

（四）"天下为公"思想的官员财富观

命运共同体意识的核心是"天下为公"，是追求找到天下所有人的利益最大公约数并加以维护，它反对贫富悬殊、弱肉强食，要求具有强烈的历史使命感，尤其是在重大问题和重要事项上必须为子孙后代深谋远虑。居安思危，思则有备，有备无患，这成为身居高位之官员的应尽职责，也督促着他们终身保持廉洁。

在儒家文化中，基于"天下为公"思想的官员财富观主要包括如下要义：

（1）以德为本：人生最重要的财富是精神财富，其外在表现为良好的教养。

（2）取财以道：追求物质财富不是不可以，但要建立道德底线——君子爱财，取之有道。

（3）守节重义：秉持"富贵不能淫，贫贱不能移，威武不能屈"的操守，如果义利冲突，要先义后利。

（4）为官尚公：官员要尽心为国家或百姓积聚财富，个人求利则适可而止，因为立德立功立言更加重要。

（5）为富有仁：财富积累要与仁义实践相统一。

基于这样的观念，我们看到，历代清官循吏不仅能够严于律己，持守清廉，还通过言传身教影响身边的民众、学生及家人在国家、社会或他人有难时慷慨解囊、无私帮扶。他们对财富问题的深刻见解发人深省、超越时代。

楚国令尹孙叔敖、西汉丞相萧何，认为沃土易被人夺，薄田才能世代相传。他们的这种选择，从本质上看，是为了避免因过度聚敛财富而引发社会矛盾，符合"天下为公"中追求社会公平、和谐的理念，不将个人财富积累置于社会整体利益之上。

西汉太子太傅疏广坚定地认为不论子孙贤愚，都不宜为其留过多财富，所以归乡后散财给族人、故旧、宾客。疏广的做法体现了他要将财富回馈社会，让财富在更广泛的范围内发挥作用的财富观。这与"天下为公"的思想高度契合。

东汉名臣杨震也坚决不为儿孙留产业，因为他认为，清白就是最丰厚的财富。杨震注重精神财富的传承，以廉洁的家风为子孙谋长远，这是从家族层面践行"天下为公"，以良好的家族风气影响社会。

宋代担任过宰相的著名清官张知白对人性由俭入奢易、由奢入俭难有深刻认识，所以始终保持俭朴家风。他俭朴自律，避免奢靡之风破坏自身及家族与社会的和谐关系，体现了"天下为公"对官员行为规范的积极影响。

（五）中华雅文化与廉洁文化

古代，不同人群的价值观和生活方式存在着明显的雅俗之分。道德的形成与维系在很大程度上依赖榜样的力量，而这些榜样往往是深深植根于命运共同体意识的雅文化的优秀承载者与表达者。他们具备的基本特点是：物质生活方面容易得到满足，在精神生活上却始终追求"止于至善"的境界。在中国历史的长河中，那些盲目崇拜权力、金钱以及极度沉迷物质享受的人，很少能够成为社会精英。相反，那些懂得适可而止地享受权势、物质财富，进而去追求高尚、优雅精神生活的人，才更可能成为中华文明璀璨夜空中的耀眼巨星。这充分体现了雅文化对个人精神境界的塑造，以及对社会精英群体价值观的引领作用，而这种对精神富足的追求，与廉洁文化倡导抵制物质诱惑、坚守道德底线的理念高度契合。钱穆先生说：

> 中国人言："贫而乐，富而好礼。"此贫字，其实即是一低水准。由有富而始见其为贫。富者，则求能好礼。礼之意义，亦即在求其平。故中国社会之人生标准，主要即在其求平而乐，其最终标准，则曰"天下太平"。①

先贤们很早就意识到，无论是个体还是群体，其在经济上知足常乐会为社会增添诸多正能量。中国的文化传统可以避免人们沦为拜金纵欲之徒，"制节谨度"成为一种经济活动的根本价值观。作为人和社会基本规范的"礼"，其意义在于追求平衡、中庸、和谐。国人的人生标准也在于求平而乐，社会理想则是"天下太平"。

基于这样的文化背景，作为清官循吏，不仅自身面对财富时要洁身自好、适可而止，在地方治理上也要以教化为根本，发展经济、改善民生则居于其次。当两者发生冲突时，优先考虑教化，这是官员尤其是地方官员廉洁奉公的重要体现。官员必须坚守富贵不能淫的原则，成为"雅士"。历史上的君子和圣贤在物质财富方面容易满足，因此着力追求不断提升道德修养，即人的内在世界和外在言行举止的优雅化。这一点，在中国古代工匠制造的，满足君子、先贤价值观、审美观和生活方式所需要的钟鼎彝器、陶瓷器皿、丝织刺绣、文房四宝上能看出来。甚至中国人的生活、游乐空间乃至道路、桥梁的设计等，都体现了美育的需求。雅文化对个人修养的塑造，对社会生活各方面的渗透，以及清官循吏在治理中对雅文化和廉洁文化的践行，共同构成了一个有机的整体，体现了中华雅文化与廉洁文化相互交融、相互促进的紧密关系。

的确，在传统中国，始终存在由儒家世界观和政治伦理强力支撑，属于精

---

① 钱穆：《中国历史研究法》，北京：生活·读书·新知三联书店，2001年，第59—60页。

英、小众践行的雅文化及其传统，并成为廉洁文化得以形成和维系的重要推动力量。尽管"阳春白雪，和之者寡"，但开明的王朝会多管齐下以壮大、巩固它。其在具有榜样作用的士大夫身上主要表现为：以爱和忠诚为核心的情感世界，以仁义礼智信为基本内核的价值观，以立德立功立言为标准的人生观，以诗词歌赋、琴棋书画、收藏鉴赏为主的生活情趣。从国家到社会、家庭（家族）各个层面，都可以构建雅文化代代传承的载体，如对孝子贤孙、贤能、英烈进行祭祀、旌表，在教育、"清议"中以他们为臧否人物之标准，在诫谕、赏罚中以他们为依据，在家训甚至乡饮酒礼中把他们作为榜样。无数清官循吏都出自这样的背景。

此外，"玉"在古代士大夫和文人雅士精神生活中的特殊地位值得一探。

中国文化始终与玉保持密切的关联。这样一种石头，被切、磋、琢、磨成各种器物，成为优雅、庄重的象征与标识，在国家政治生活和士大夫生活方式中发挥着多方面的作用。比如《周礼·春官·大宗伯》中写道：

> 以玉作六器，以礼天地四方，以苍璧礼天，以黄琮礼地。[1]

可见，玉作为礼器，其高贵的程度不亚于其他任何器物，能够表达国人对天地四方的最高敬意。

与古代廉洁文化建设有关的器物很多，但还没有其他事物像玉石一样受到几千年的珍视，人们赋予它以道德、情操象征和近乎完美的审美意蕴。换言之，中国古代廉洁文化最重要的基础——君子之道的物质载体，当首推玉石、玉器。其中原因何在呢？

> 玉有六美，君子贵之。望之温润，近之栗理，声近徐而闻远，折而不挠，阙而不荏，廉而不刿，有瑕必示之于外，是以贵之。望之温润者，君

---

[1] （清）阮元等：《十三经注疏》，北京：中华书局，1980年，第762页。

子比德焉；近于栗理者，君子比智焉；声近徐而闻远者，君子比义焉；折而不挠、阙而不荏者，君子比勇焉；廉而不刿者，君子比仁焉；有瑕必见于外者，君子比情焉。①

按照西汉大学者刘向的阐释，玉外观温润，可象征君子之德；纹理清晰，能比拟君子之智；声音近听悠扬且远闻可感，恰似君子之义；即便断裂也绝不弯曲，堪称君子之勇；有棱角却不伤人，正如君子之仁；有瑕疵时毫不隐瞒，尽显君子光明磊落的情怀。几千年来，中国人赋予玉石以道德传递与滋养的功能，这也是廉洁文化形成与维系机制发挥作用的动力之一。玉石象征君子品德并具备道德传递、滋养的功能这一观念，至晚在汉代就已高度成熟。

宋儒也多以玉比喻近乎纯粹的修养，比如：

未能如玉，不足以成德；未能成德，不足以孚天下。②

此处张载以玉比喻道德修为的纯粹、成熟状态。"成德"可理解为"成就道德"，但仅仅自我完善是不够的，关键是通过自己的榜样、示范作用，走向"安人"，即成为社会正能量的强大来源。儒家的最高理想是有益于"天下"，那样的君子才堪称如玉。

在中华民族的精神殿堂里，雅文化的极致体现是当天下、国家、民族有难时，仁人志士能够挺身而出，成仁取义——这种行为被表达为"玉碎"。这种在危难时刻展现出的精神，是雅文化核心价值的重要部分，而雅文化在历史进程中有着十分广泛且深远的影响。

主要由士大夫引领和表达的雅文化是促使中国成为文明礼仪之邦，受到广

---

① （汉）刘向撰，向宗鲁校证：《说苑校证》卷十七，北京：中华书局，1987年，第437页。
② （清）黄宗羲著，（清）全祖望补修：《宋元学案》卷十七，北京：中华书局，1986年，第713页。

泛尊敬、效法、追随的重要力量。强盛时期，中华雅文化不仅对国内各阶层、各民族产生积极影响，还对周边地区和国家产生深远影响，从而形成"儒家文化圈"；即使在衰落时期，中华雅文化往往也能够发挥使"野蛮的征服者总是被他们所征服的文明征服"的功能，从而不断延续中华文明。

雅文化的一般人伦表现就是君子人格。君子人格在做官的历程中得以保持，是促使廉洁文化形成与维系机制顺利运转、大见成效的重要因素。在儒家文化中，君子人格与官德是高度重合的，其具体内涵有一个起源、确立、丰富、完善的过程。比如践行"忠、孝、廉、耻"，无论是单独践行还是综合践行，都可达到成仁取义的境界。对于如何评判个体遭遇千差万别的雅文化承载者以及在艰险状态下坚守君子人格的人，儒家充满了理性精神。比如殷商末年的微子、箕子、比干，他们面对纣王淫暴采取了不同的行动，但孔子鉴于他们的不同处境，认为他们为了纠正君德、力挽狂澜，各尽全力，都是正确的，所以并称其为"三仁"。司马迁在《史记》里，尤其是苏辙在《古史》里，结合史实对孔子的观点做了进一步的论证。

儒家雅文化不乐见孤芳自赏和自以为是，始终主张士大夫为人处世要寻求情与理的平衡，实现个体感受与国家感受之间的良性衔接，并且要对普通人和世俗文化有示范、引领价值。因为只有这样，诸多善举、义行才具有可推广性和可持续性。《吕氏春秋》和《智囊全集》都记载了两则孔子对弟子的褒贬故事：一是"子贡赎人"。鲁国法律规定，如果碰到鲁人在外为奴，可以先花钱赎回来，然后再由国家补偿。子贡赎人回来后却拒绝了国家补偿，孔子因此指责他，原因是他的做法会使得以后人们不再愿意赎人。二是"子路救溺"。子路救了一个溺水的人，溺水者为了感谢子路的救命之恩，送了子路一头牛，子路收下了。孔子很高兴地表扬他，说今后一定会有更多人愿意救溺水者。这些都体现出古代廉洁文化楷模塑造中的理性与智慧——儒家鼓励每一个当事人根据自己的境况，以恰当的方式尽到自己的努力，不必追求结果、效果一样。尽人事、听天命、合众情，如此才能尽可能使不同境况、身份的后人学习、践行核心价值观和廉洁文化，从逻辑上使"人人皆可为尧舜"具备可能性。

雅文化的价值观和生活方式丰富了中国传统士大夫的人生，使他们拥有更多正能量，能够抗拒以权力、金钱、美色为主的各种诱惑对人性的侵蚀。明儒陈继儒描绘道：

> 香令人幽，酒令人远，茶令人爽，琴令人寂，棋令人闲，剑令人侠，杖令人轻，尘令人雅，月令人清，竹令人冷，花令人韵，石令人隽，雪令人旷，僧令人淡，蒲团令人野，美人令人怜，山水令人奇，书史令人博，金石鼎彝令人古。①

可见，中国传统雅文化对日常生活各方面都有着审美追求，这种对高雅生活情趣和精神境界的倡导能够引导士大夫阶层在生活中追求高尚品质，避免陷入低俗和贪腐，为廉洁文化建设提供了精神指引。

古代中国的雅文化，一定程度上可以说是基于古代圣贤对人性的深刻洞察而形成的乐观主义文化形态。这种文化形态着重依托人自身的卓越修为，通常无须借助超自然神力，就能引领人们抵达精神的静谧、澄澈与欢愉之境。那些先贤们往往只需要很少的知音，甚至可以长时间面对自我，就能够完成心灵世界的坚守或救赎。

究其原因，主要有以下几点：一是中华文化精神家园的早熟；二是佛教、道教所蕴含的正能量在后续发展进程中逐渐融入；三是先于世界其他民族的造纸术、印刷术不仅保障了图书典籍的持续丰富，还为官方与民间教育提供了充足的知识供给；四是各种文学艺术形式，诸如琴棋书画、诗词歌赋、篆刻等，无论从外在形式、内在意蕴，还是从审美体验层面，都在频繁的交流中促进了各种雅文化元素的融合与升华；五是在家庭、家族、故乡乃至国家的各个层面，和读书与修身、齐家、治国、平天下的各个人生阶段里，可以形成多个集

---

① （明）陈继儒著，博雅译注：《小窗幽记》卷七，哈尔滨：哈尔滨出版社，2023年，第195页。

体形式的人际交往圈,这些圈子所带来的精神鼓励与抚慰等,有效填补了个体在坚守真善美过程中,其人生体验方面的种种缺失,进而赋予人们内心充盈感。

儒家从来不主张苦行僧式的修炼,其道德、学识、技艺、修养,是要给人带来快乐的。这种快乐身心兼顾,但以心灵的感受为主。不管是颜子的安贫乐道,还是孔子从心所欲不逾矩、"吾与点也"、闻韶乐三月不知肉味等,都是这种以心灵感受为主的快乐。这植根于没有宗教压抑的乐观人性论,植根于对人性的坚定信念。而奉行物质主义、功利主义、机会主义的人,则容易丢失真正属于人,尤其是属于有教养的人的快乐。孔子说自己的生命状态是"志于道,据于德,依于仁,游于艺",这四者其实也就是一个君子建立在道德文艺上的快乐人生的典型标本。另外,从追求被羡慕或是受尊敬,追求眼下的名利地位或是青史流芳的角度,也能对人的修养程度、快乐程度做出大致区分。

自然山水与雅文化也密切相关。中华文化的大智慧之一,在于源远流长、影响深远的"天人合一""道法自然"等与自然和谐相处的丰富论述与实践,这种大智慧促成了自然生态和人文生态的相互融汇,使历代士子和士大夫中的许多人能够借助亲近具有丰富人文内涵的山水,极大地丰富人生的雅趣,促进人与自然、人与人、人与自身的多重和谐,并稳定自己做人做事的道德底线。

古人面对山水,能够根据其形状、样貌,比拟、比喻人间的各种伦理道德,赋予这些景观以丰富的正能量及相关联想。人们在观赏景色、亲近自然、远足健身的同时,也在对这些景观内涵的解读中达成身心的双修。孔子所谓的"仁者乐山,智者乐水",正是强调了这样的意旨。

历史上,山川名胜总是自然与人文交相辉映之地,是各个社会阶层道德品行共同滋养之所。类似黄鹤楼、滕王阁、岳阳楼、醉翁亭、散花楼、望江楼这样的景观,以凭眺自然美景为主要功能,兼具人文情怀的滋养功能。它们不仅因优美的自然风景及其衍生的文艺作品、名人故事而具有极高的审美价值,还蕴含着源远流长的廉洁文化正能量。对此,徐迅先生在其《陈寅恪与柳如是》中引邵廷灿《东南纪事》叙述黄道周生平事迹时写道:

> 经筵展书官黄道周……提兵救徽州，被执。至南京，绝粒十余日，作自挽诗，书后略曰："就俘以来，义在必死。未了诸缘，无所复忆。生平所历黄山、白岳、匡庐、九华、浮丘、龙首、穹窿、玄墓、洞庭、三茅、天目、径山、西陵、委宛、天台、雁宕、罗浮、怀玉、一十八翁，要当一一谢之。生死千秋，未必再晤。风雷楮墨，载其精神，亦使众山闻之，谓我不薄也。"三月十五日毕命。①

黄道周在绝食之前，专门留下文字，向他一生钟爱的十八座名山致谢。这些山仿佛是他的心腹知己，是他生命中最美好的记忆所在。此刻，他与这些知己郑重道别。黄道周的这种行为展现了他的高雅品格与气节，反映了中华文化独有的精神境界。

毫无疑问，我们的名山大川不仅承载着自然之美，还参与了中华廉洁文化的建构与传承。祖国、家乡美好山水所具有的道德滋养、熏陶和陪伴的功能，被优秀士人大夫们所利用，并与他们的生命融为一体。这种文化本身，何其优美！

第三节　与廉洁文化相关的三个命题

一、为什么要"学而优则仕"

"学而优则仕"这一观念曾受到指责和批判，但从廉洁文化探源的角度来

---

① 徐迅：《陈寅恪与柳如是》，北京：东方出版社，2014年，第231页。

看，有必要对其合理内涵予以澄清。

（1）这是命运共同体整体利益和长远利益的必然选择。对于古代中国而言，辽阔的地域中生活着关系紧密的众多族群。首先，必须构建能有效维持和平、安宁和统一的政治统治秩序与社会治理机制，才谈得上解决其他重大问题，而其构建者正是积极入仕的优秀官员。古代国家和社会需要优秀的人才，因此，"学而优则仕"成为必然选择。

（2）这是古代社会德才兼备人才稀缺背景下的必然价值导向。古代社会能够产生的德才兼备的人才数量有限，而能够被及时发现、举荐和任用的人才更是少之又少。在这种选贤举能的体制下，"学而优则仕"成为一种必然的价值导向。

（3）这是春秋战国时期私学发展的必然要求。春秋战国时期，私学兴起，师生主要来自士人和平民阶层。积极入仕是人向上发展及努力进取的重要体现。虽然从事其他行业也可以谋生，但以公心掌握、运用权力与资源，则能为士人提供更大的舞台，进而实现其更高的人生价值。孟子对《论语·子张》篇中子夏所说的"仕而优则学，学而优则仕"进行了阐释。他指出，包括孔子在内的古代君子都渴望入仕，甚至以三个月的等待为漫长，因为这是士人的本分，就像诸侯必须有自己的国家、农夫必须种田一样。然而，入仕并不容易，因为做任何事情都需走正道，遵守相应的规矩和程序，否则就会被人鄙视。但现实情况是，入仕的道路和方法已经悖乱，所以君子只能选择不入仕。孟子认为，君子可能成为清官循吏，他积极谋求入仕以实现理想与抱负是正确的；但保持做人做官的底线，决不放弃，同样是正确的。孟子的这段话有助于我们理解"进与退"的廉洁文化内涵。

二、"中庸"的价值

从哲学层面来看，"中庸"的形成有其深刻的历史和现实基础——满足命运共同体的生存与发展需求。中国很早就形成了一个版图辽阔、族群众多、各地自然地理和经济地理千差万别的命运共同体。它能够在统一的意识形态和精神纽带的支撑下存在，关键在于对各种矛盾冲突的强大预防、应对和消解能力。构建这种能力的基本条件是找到并维护各人群、各阶层利益诉求的最大公约数，为国家和社会治理创造尽可能大的回旋余地。无论国家（或文化意义上的"天下"）如何盛衰起伏，应对矛盾冲突的回旋余地都主要由两部分构成：一是国家机器始终奉行"天下为公"的理念，扮演好统筹者、平衡者和协调者的角色；二是发展并积累尽可能多、尽可能优质的资源和力量，形成天时、地利、人和俱备的格局。

此外，为应对矛盾冲突、创造较大的回旋余地，还要注意以下方面：其一，把人心凝聚和国家武装力量建设作为头等大事常抓不懈；其二，各种制度、观念要与时俱进，及时调整和变革；其三，国家的"荒政"资源储备充足，赈荒机制反应高效快捷；其四，对鳏寡孤独废疾者的社会帮扶、救济和关怀成为社会共识和一致行动。

在社会治理的过程中，以儒家倡导的"中庸"为关键词的中国古代哲学、伦理学、社会学、心理学、教育学等方面的理论得以丰富。这些不仅是古代廉洁文化形成与维系机制得以顺利运行并发挥作用的活水之源，也是儒释道最终相互融汇的背景因素与动力。

西方学者也有类似论断。如德国哲学史家汉斯·约阿西姆·施杜里希指出：

> 中国人崇尚中庸思想，喜欢化解矛盾和消除纷争。这也是儒家思想的主导动机，在老子那里也是如此……在中国延续至今的五个主要佛教宗派都带有反对走极端的特点。[①]

---

① 〔德〕汉斯·约阿西姆·施杜里希著，吕叔君译：《世界哲学史》，桂林：广西师范大学出版社，2017年，第92—93页。

施杜里希先生认为佛教进入中国后,为了适应中华文化的生态环境而演变出五个反对走极端的宗派,这些宗派与崇尚"中庸"的、以儒家为主的中国既有意识形态能够完全适应。他没有从中华民族很早就有的命运共同体意识的角度解释这一现象,这是其局限。但对于一个已经卓有建树并且能够叙述、阐释世界哲学史的许多现象与问题的大家来讲,若我们要求他对中国哲学、意识形态的历史探析必须面面俱到,那就有些强人所难了。

值得指出的是,把人类最早的系统的环境适应和环境保护思想纳入君德、官德内涵,也是与坚持"中庸""中和"直接相关的成就。孟子在与梁惠王讨论如何使自己的国家能够拥有更多人口时说:

> 不违农时,谷不可胜食也;数罟不入洿池,鱼鳖不可胜食也;斧斤以时入山林,材木不可胜用也。谷与鱼鳖不可胜食,材木不可胜用,是使民养生丧死无憾也。养生丧死无憾,王道之始也。①

要尊重自然规律,争取最好的经济产出,有节制、有保护地利用自然资源,以满足普通人民的基本经济需要,使人民养生丧死无憾。这样,不仅本国的人民不会离开,还可以吸引国外的民众来投奔,这也是孔子和冉有在马车上那段著名的对话中的"庶矣"(人丁兴旺)阶段的目标。孟子赞美井田制,实际上是要求国家尽量保证生产、生活资源的均匀、合理分布,保证民众能够凭借自己的辛勤劳动,使年长者能够衣帛、食肉,家庭没有饥饿——这是一个基于民本主义、带有平均主义色彩的"中庸"政治蓝图,属于对话中"富之"阶段的目标。在此基础上"谨庠序之教,申之以孝悌之义,颁白者不负戴于道路",则属于社会建设的高级目标"教之"的实现。在这样一个包含三个递进关系的孟子的社会理想中,有节制、有保护地利用自然资源,进而既造福大众,同时实现人与资源、环境良性互动的智慧,已经成为廉洁奉公文化的一种内在要求,

---

① 万丽华、蓝旭:《孟子》卷一,北京:中华书局,2006 年,第 5 页。

体现的依然是中国哲学的"中庸"之道。

儒家的中庸思想作为认识论和方法论，不仅适用于安邦治国、吏治民生，更适用于士大夫的为人处世、修身养性。按照程颐的看法，能够运用得宜者很少：

> 圣人与理为一，故无过不及，中而已矣。其他皆是以心处这个道理，故贤者常失之过，不肖者常失之不及。[①]

在理学中，"理"的核心内涵就是仁义礼智信五常。程颐认为，圣人与五常完美融为一体，因为他们本身都是纯善纯美的，二者自然契合；而其他人就要用心来实现这种"与理为一"的境界，贤者可能做得有些过度，不肖者则做不到位。中国文化、中国道德的最高境界是不偏不倚、允执厥中、恰到好处，从来不鼓励那些违背人性、违背自然的手段、做法，不认可其所带来的结果。这既是人文的体现，也是理性的要求——唯此道德观念才能得以传播、推广并延之后世。所以历史上的清官循吏，其为人为官处事几乎都会体现这种道德属性。当然，这个"中"的标准会因时移事易有所改变，特殊情况下还可以权变，但那毕竟不是常态。

三、多难兴邦的丰富意蕴

中华民族的命运共同体意识在很大程度上是通过共同应对严酷的自然灾害尤其是洪灾而得以强化的，这种意识直接加速了中国跨入文明门槛的进程。事实上，正是因为大禹在治理旷世大洪水中展现了深邃的智慧、崇高的道德，建立了无与伦比的威望，才获得了广大民众的爱戴与支持，推动了中国的文明发

[①]（清）黄宗羲著，（清）全祖望补修：《宋元学案》卷十五，北京：中华书局，1986年，第1册，第626页。

展进程。

　　黄仁宇先生认为，古代中国的团结很大程度上是出于自然力量的驱使。[①]"多难兴邦"是中华文化强大生命力的重要体现。面对严重灾荒以及其他民生疾苦，除了少数昏君、暴君在位期间朝廷可能会行动迟缓甚至无动于衷，其余的时候，整个族群都能够在抗灾过程中形成相亲相爱的氛围，并广泛强化风雨同舟的情感。皇帝会主动或被动地"罪己"，向上天、神灵甚至祖宗祈求保佑，同时广开言路，虚怀纳谏。宰相或其他当事的不称职官员或主动请辞，或被罢免。朝廷、地方政府和乡绅、乡贤、民间义士等会全面展开对灾区和灾民的赈济与帮扶。这一过程往往是君德振作、臣德净化、民众道德情感升华的契机，同时也会成为历史记载的重要一笔，成为明君、清官循吏和普通民众共同珍视的重要人文资源，是廉洁文化形成与维系机制的重要力量源泉。

　　"多难"除了指大一统王朝要面临的各种天灾人祸，也包括古代中国的分裂战乱及各个政权所要面对的外部严酷竞争，通常这些政权里面希望本国能够存活、强盛的君王会展示出谦恭、宽厚和虚怀纳谏的品质。

　　除应对防不胜防的"天灾"能够强化与巩固命运共同体意识外，以私有制为根基的"家天下"到来之后，各种基于争斗和算计的"人祸"也频繁发生，最终往往导致玉石俱焚的结果，这也促使我们的先贤始终坚守"天下为公"的廉洁文化理念。春秋战国时期，人祸猖獗，推动了孔孟对儒家学说的建构，奠定了以"天下为公"为主要标志的精神家园。孟子的"民贵君轻"学说及人民有权推翻独夫民贼和反抗暴君污吏的主张，鲜明地体现了命运共同体拒绝任何人、任何势力任意作威作福，这是对孔子天下为公和人本主义、民本主义思想的彰显。此后，无论儒家学说如何演绎，这一特质都没有改变。

　　德国学者施杜里希先生在总结中国哲学的共同特点和意义时指出：

---

① 〔美〕黄仁宇：《中国大历史》（中文本），北京：生活·读书·新知三联书店，1997年，第23—24页。

> 在中国人的思想体系里，没有哪一种体系不是把人放在中心位置的……
>
> 我们看到，知足、节制、内心平静和灵魂安宁在中国人眼里是人生幸福的必要前提。①

古代民本主义在历朝历代的明君贤臣身上都有所体现。尤其是在面对重大灾难时，民本主义更是成为社会治理的重要指导思想。四川在明末清初经历了罕见的天灾人祸，朝廷对四川多有善政，派遣的官员也多廉洁奉公。在俸禄极低的背景下，为了兴利除弊，清朝四川的各级行政长官带头捐出俸禄，影响其他官员和民众共襄义举的记载屡见不鲜。这些举措不仅保证了四川在不到百年的时间内从赤地千里、人烟断绝状态重新恢复勃勃生机，还促进了清代四川清官循吏的涌现。

英国历史学家汤因比博士在解释人类文明活力时提出的"挑战与应战"学说，在我看来，这只是对中国古老"多难兴邦"思想的丰富和发展而已。

---

① 〔德〕汉斯·约阿西姆·施杜里希著，吕叔君译：《世界哲学史》，桂林：广西师范大学出版社，2017年，第97页。

第二章
敦行为官之道

选贤举能关系到君臣民能否同心同德、命运共同体能否形成。官员首要的道德义务是履行好职责，唯有如此，才能赢得民众的尊敬与追随，进而成为天下为公的仁政践行主体。正如《论语》所载：

> 哀公问曰："何为则民服？"孔子对曰："举直错诸枉，则民服；举枉错诸直，则民不服。"[①]

孔子认为，政治舞台上君子执政则百姓心悦诚服，小人当道必然导致离心离德。孔子揭示了政治生态的基本规律，但历史经验表明，绝对意义上的君子与小人实为罕见。因此，廉洁文化维系机制应分三个层级：最低目标是通过铨选体系有效甄别，使近于纯粹的小人无法进入官僚系统，而真正的君子得到重用或旌表；常态目标应该是，在进行有效甄别的基础上确保那些以君子品性为主

---

① 张燕婴：《论语》，北京：中华书局，2006年，第20页。

的人在官僚系统中占多数并且担任要职,逐步形成良性的政治环境;比较理想的目标则是在前两者基础上,使官员德才与其职位动态匹配。只有在整体上提升君子执政的比例,形成众正盈朝而佞臣失势的局面,国家治理效能才能得到显著提升。

历史记载显示,官员队伍全员君子或全员小人的极端状况从未出现。最坏的局面是小人密布官场并占据主导地位,君子被系统性边缘化,导致国家治理体系功能紊乱。上述三种层级中,第一种主要具有理论建构意义,历史案例较少;第二种是国家机器正常运转时期廉洁文化形成与维系机制的常态;第三种则是圣君贤相励精图治时才可能出现的理想状态。而由于古代中国幅员辽阔、官僚群体庞杂等因素,维持官员队伍素质的稳定并对其加以优化十分困难。介于君子和小人之间的中间群体人数众多、具有可变性,其道德发展往往呈现"逆水行舟"的特点。此外,小人可以把自己伪装成君子模样,甚至通过操控话语权,颠倒黑白,以君子标榜自身,而给真正的君子打上"小人"标签,使得政治生态被扰乱。

综上所述,欲实现"举直错诸枉"的政治局面,需要建立有效的驱动机制,以敦促各级官员恪守为官之道,避免政治生态环境恶化,保障官员优胜劣汰机制正常运转。

如何确保官员恪守为官之道始终是历代明智统治者关注的重要问题。传统政治思想家对此进行了持续探索,不断总结历史的经验教训。刘向在《说苑·君道》中指出:

> 是故知人者主道也,知事者臣道也,主道知人,臣道知事,毋乱旧法,而天下治矣。[①]

刘向以尧为圣君用人之典范,告诫后人,为君之道在于知人善任,汇集众贤,

[①] (汉)刘向撰,向宗鲁校证:《说苑校证》卷一,北京:中华书局,1987年,第9—11页。

并且把他们各自放到最合适的位置上以治理国家,为臣之道则在于精研政务。这种从宏观意义上对君臣职责的划分,强调了君主知人善任是确保官员恪守为官之道最重要的基础。

我们的先贤在官员识别、任用与管理等方面做过深刻思考,这些思想遗产推动廉洁文化建设不断发展演进。但在政治实践中,人性的局限性往往导致"靡不有初,鲜克有终"①的现象反复出现。具体而言,权力的腐蚀性诱惑、政治生态的被动裹挟、官员道德修养的客观差异等多重因素决定了历朝历代必须以敦行为官之道为常态化工作,来促进官德建设。

第一节 诫谕与训饬

古代,天子或主官对臣下进行诫谕和训饬,是维持廉洁文化形成与维系机制运转的重要手段之一。"君子上达,小人下达",实际上多数官员处于君子与小人之间的状态。如何让他们经受住各种诱惑与考验,始终保持为官为人的操守?选择合适的时机对其进行诫谕和训饬便是常用的手段。

历史上各种形式与力度的诫谕、训饬可谓数不胜数,取得的效果也各不相同。其能否取得较好的效果,关键在于:训诫内容是否具有强烈的针对性、能否被当事官员深刻领悟;能否配备具有相应震慑力、传播力的赏罚措施;是否有不断完善且严格执行的相关制度作为保障;能否实现使官员从不敢腐到不想腐、不愿腐的目标;能否使清廉成为官员本人及亲属共同的追求;诫谕、训饬者及其亲属能否垂范。

历史上最温暖也最厚重的父子告诫,当属周公对伯禽的教导。《史记》载:

---

① 韩伦:《诗经》,南昌:江西人民出版社,2017年,第270页。

> 周公戒伯禽曰："我文王之子，武王之弟，成王之叔父，我于天下亦不贱矣。然我一沐三捉发，一饭三吐哺，起以待士，犹恐失天下之贤人。子之鲁，慎无以国骄人。"①

当时，周公因成王之需留在了镐京辅佐朝政，而让其儿子伯禽去封地鲁国做君主。他告诉儿子，自己的身份、地位已然足够显赫，但仍旧谦恭有礼、不辞辛劳地对待各类士人，即便如此都还担心错失人才，所以叮嘱伯禽去鲁国后，绝不可自恃身份而骄矜。

在古代，那些经典的诫谕、训饬往往会演变成官箴。"官箴"一词最早见于《左传·襄公四年》的记载："昔周辛甲之为大史也，命百官，官箴王阙。于《虞人之箴》。"出土于湖北云梦睡虎地的秦简中，有一篇《为吏之道》，其中写道："凡为吏之道，必精絜（洁）正直，慎谨坚固，审悉毋（无）私，微密韱（纤）察，安静毋苛，审当赏罚。"这是目前所见"官箴"的最早记载。

历史上的官箴众多，其中流传最广的，是后蜀孟昶撰写的《颁令箴》。后来宋太宗取其精华，提炼为16个字："尔俸尔禄，民脂民膏，下民易虐，上天难欺。"南宋绍兴二年（1132），高宗下令全国各地刊刻这一著名官箴，其文字由黄庭坚书写。

可以看出，这一诫谕主要针对官员的道德良知，兼具正面激励和反面警告，通俗易懂，它敦促士子和在职官员追求清廉，不要为非作歹。同时告诫官员：上天和百姓的意志是一致的，虐待百姓就是悖逆上天，身为天之子自然不可能坐视不管。

历史上的诫谕、训饬可分为以下几种类型：对在职官员（含朝廷百官与地方官）的诫谕、对功臣的训饬、对皇亲国戚的训饬、对某类官员（包括少数民族地区的治理官员）的训饬、对士子的专门训饬等。唐朝的诫谕、训饬便十分典型。例如，武则天在上元二年（675）三月，命著作郎元万顷、左史刘祎之

---

① （汉）司马迁：《史记》卷三十三，北京：中华书局，1959年，第1518页。

等修撰《臣轨》二卷，要求官员们必须忠正诚信、竭诚利民、公正廉洁、戒慎守道。《臣轨》也成为一部罕见的带有训诫性质的政治文献。

据《资治通鉴·唐纪三十》记载，开元二十四年（736）二月甲寅，十分关注州县治理的唐玄宗，在朝堂上亲自复试吏部新任命的县令，将其中45名不合格者斥退，还为新选中的163人当场撰写《令长新诫》，并颁赐给全国各地的县令。诫文曰：

> 我求令长，保乂下人。人之所为，必有所因。侵渔浸广，赋役不均，使夫离散，莫保其身。征诸善理，寄尔良臣，与之革故，政在惟新。调风变俗，背伪归真。教先为富，惠恤于贫。无大无小，必躬必亲。责躬劝农，其惟在勤。墨绶行令，孰不攸遵；曷云被之，我泽如春。①

这实际上是一篇以正面敦促为主、表达君王殷切期望的训谕，也可视作一篇官箴。唐玄宗要求明确，期望官员们努力奉行。其主旨涵盖爱民恤民、均平赋役、除旧布新、移风易俗、教富惠贫、忠于职守、端庄行令、泽民如春等，本质上是要求官员把朝廷的政令因地制宜地落实好，使君臣民之间利益紧密相连、情感相通。这段训谕实际上是李世民于贞观三年（629）为考核官吏而制定的"四善""二十七最"标准的体现。当时的地方官员均刻石以为诫。及至宋朝，欧阳修把《令长新诫》刻文制成拓片，收录于《集古录》卷六。可见，在欧阳修的心目中，这样的训诫文字具有跨越时空的传承与借鉴价值。

历史上，对官员训诫时措辞极为严厉，且实际执行手段极其严酷，对约束官德具有强大震慑力的皇帝训诫，出自朱元璋。他的《御制大诰》，包括《大诰》《大诰续编》《大诰三编》《大诰武臣》四部分，堪称史上最为严苛的诫谕、训饬文本之一。由于《御制大诰》所规定的惩戒，手段过于残酷，朱元璋去世

---

① （清）董诰：《全唐文》卷四十一，北京：中华书局，1983年，第451页。

后,其强制推行很快便停止了。然而,作为明初以非常规铁腕手段整肃元末腐败官风的产物,《御制大诰》在正反两个方面都极具典型性。其维持威慑力和传播力的思想与方法,具有一定的历史借鉴意义,但其株连、特务统治等内容,则是不可忽视的历史负面教材。

清朝皇帝普遍较为勤政,在运用训诫治官方面可谓殚精竭虑。顺治帝福临就留下了《御制人臣儆心录》,训诫官场八种通病:植党、好名、营私、徇利、骄志、作伪、附势、旷官,全文长达五千余字。

州县官员直接践土临民,是清代明君贤相关注的重点。雍正皇帝便很关心州县官员。雍正元年(1723)正月初一日,他御制颁发了《谕知州知县文》,其文曰:

> 朕惟国家首重吏治,尔州牧、县令乃亲民之官,吏治之始基也。贡赋、狱讼,尔实司之,品秩虽卑,职任綦重。州县官贤,则民先受其利;州县官不肖,则民先受其害,膺兹任者,当体朝廷惠养元元之意,以爱民为先务,周察蔀屋,绥辑乡里。①

雍正以励精图治著称,这篇谕文是他对遍布清朝各地、直接治理一方百姓的州县官的训诫,其中既有真诚劝勉,又有严厉要求。其内涵十分丰富:首先告诫州县官,因其地位关键、责任重大,要懂得自重,切实履行好"父母官"之责,必须以"爱民"为怀,这不仅是为官做人的本分,也是朝廷的要求。其次,要求州县官必须廉洁奉公,实心尽职,注重实行,不可沽名钓誉。官员施政的重点要涵盖四个方面——兴仁让、教孝忠、富民安民、杜绝犯罪根源,也就是以德礼为主,以谋求民众福祉作为第一要务,以地方平安为底线。此外,严厉禁止地方官员不断增加火耗。最后,他警告州县官,即使地远官卑,朝廷

---

① 成都市地方志编纂委员会、四川大学历史地理研究所:《成都旧志》,成都:成都时代出版社,2007年,第10册,第13页。

仍然能明察其忠奸贤愚，不可心存侥幸。

清代皇帝诫谕外地高级官员，十分重视时效性。凡诰诫臣工、指授兵略、查核政事、责问刑罪之不当等事，由军机大臣承皇帝旨意后撰拟进呈，皇帝认可后，用军机处银印钤盖，交兵部再加封，发驿驰递。实际上，这是皇帝对当事人进行特殊函告的方式，速度是其突出优势，并且成功达到了力戒朋党政治的目的。这种皇帝与臣子单独交流所带来的威严与压力，比起皇帝发布一通针对大家、泛泛而论、通常还是他人捉刀代笔的训诫，应该更具效力。其得以有效施行的基础是清朝诸帝尤其是康雍乾三朝皇帝，在才干、意志及勤政程度等方面都十分出众，这无疑有利于充分发挥诫谕的作用。

现实中君王或上司通过口头或书面的训饬来整饬官德，并非都能取得预期成效。一般来说，成效较好的训饬有几个特点：时间、地点合适；事先有周详、可靠的调研，掌握了真实情况，针对性强，要求合法、合情、合理；训饬者本人（包括亲属）能够带头履行训饬要求；言出必行，赏罚有力；执行训饬的要求、规定，不分亲疏远近。

中国文化中的儒释道都强调人的自省，因此产生了文字精练的自我诫谕——座右铭。历史上有名的座右铭众多，限于篇幅，兹举三例：

开元名臣姚崇，一生清正廉洁，开元二年（714）任紫微令（中书令别称）时写下主要用于律己的《五诫》：执秤诫、弹琴诫、执镜诫、辞金诫、冰壶诫。姚崇也以此告诫下属。其反映了公平正直、以和为美、忠诚勤勉、廉慎不贪的自我追求与坚守。[1]

北宋名臣富弼极为注重慎独，据《宋元学案》载：

> 刘器之曰：富郑公年八十，书座屏云："守口如瓶，防意如城。"[2]

---

[1] 具体阐释参见赵雅丽：《史说官德》，北京：北京出版社，2012年，第184—188页。
[2] （清）黄宗羲著，（清）全祖望补修：《宋元学案》卷三，北京：中华书局，1986年，第154页。

作为有大功于宋朝，名扬天下，连辽朝君臣都敬佩不已的闻人，富弼在自己的晚年依然保持了儒家"慎独"的品德。他用于自我勉励的八个字，生动诠释了官德对身居高位者"如履薄冰、如临深渊"的要求。

而清代的于成龙，被康熙赞誉为"清官第一"，他给自己写下《亲民官自省六戒》，即勤抚恤、慎刑罚、绝贿赂、杜私派、严征收、崇节俭。他也用一生践行了自己的誓言。

第二节　赏　罚

一、先贤关于赏罚的理论思考和观念建构

古代中国以廉洁奉公为标准对官员进行赏罚的观念，早在夏商周时期便已逐渐形成并定型，及至春秋战国时期，诸子百家又做了丰富，并在不同时期、不同国家付诸实践。例如，刘向《说苑》记载了如下对话：

> 武王问于太公曰："贤君治国何如？"对曰："贤君之治国，其政平……赏赐不加于无功，刑罚不施于无罪……"武王曰："善哉。"[①]

武王向太公请教如何治理国家，太公强调了"政平"。这一理念蕴含了深刻内涵：首先要求官吏宽厚不苛、赋敛节制有度、君主崇俭戒奢；其次强调"赏赐不加于无功，刑罚不施于无罪"的客观公正原则。其核心要义即通过君臣共建，形成以保民恤民为底线、崇俭尚廉为风尚、赏优罚劣为手段的政治管理机

[①]　（汉）刘向撰，向宗鲁校证：《说苑校证》卷七，北京：中华书局，1987年，第151—152页。

制。这个看似简单的"平"字，实则蕴含着丰富的道德与法治建设智慧。

孔子在与季孙氏讨论治国之道时说：

> 夫有功而不赏，则善不劝，有过而不诛，则恶不惧，善不劝，恶不惧，而能以行化乎天下者，未尝闻也。①

从对话中可以看出，孔子强调执政者应具备超越民众的道德修养，做好民众的表率。在刑罚和道德教化之间，行王道者以道德为主、刑罚为辅，行霸道者两者可并重，而急于富国强兵者可能以刑罚为主。刑罚和道德教化各有其独特价值与功能，道德教化能培养善念、促进进步，刑罚能惩治恶行、防止再犯，两者的极端表现就是赏赐与诛杀。必须明确区分贤能与不肖，准确反映有功与无功，严防出现"有功而不赏，则善不劝，有过而不诛，则恶不惧"的局面。由此可见，孔子强调赏罚标准及执行方式要根据形势、目标适时变通，具有针对性。

战国初期，魏文侯和李克有如下对话：

> 魏文侯问李克曰："为国如何？"对曰："臣闻为国之道：食有劳而禄有功，使有能而赏必行，罚必当。"文侯曰："吾赏罚皆当，而民不与，何也？"对曰："国其有淫民乎？臣闻之曰：夺淫民之禄，以来四方之士。其父有功而禄，其子无功而食之，出则乘车马，衣美裘，以为荣华，入则修竽琴钟石之声，而安其子女之乐，以乱乡曲之教。如此者，夺其禄以来四方之士，此之谓夺淫民也。"②

这段对话以"使有能而赏必行，罚必当"为讨论的基本前提，李克回答了魏

---

① （汉）刘向撰，向宗鲁校证：《说苑校证》卷七，北京：中华书局，1987年，第143—144页。
② （汉）刘向撰，向宗鲁校证：《说苑校证》卷七，北京：中华书局，1987年，第165—166页。

文侯所提出的"赏罚皆当,而民不与"的问题。他认为,症结在于那些坐享父辈功禄、生活奢靡,从而引起民众广泛反感的"淫民"阶层。所以他建议君王整治、剥夺这些人的财富,确立"食有劳而禄有功"的公平原则,以招徕四方之士。这一论述揭示了三个层面的治理难题:功臣子弟的教育与约束问题、为富不仁对社会风气的危害,以及如何建立更有效且持续性的奖励机制。

初唐名臣魏征等人撰《群书治要》,对重赏伯乐的价值观予以倡导:

先王之教,进贤者为上赏,蔽贤者为上戮。①

此言旨在强调治国要效法先王之道,对伯乐给予最高的奖赏,对刻意埋没贤才的人则予以严惩。

回顾中国古代历史,在战国时期,赏罚在法家学说及其政治实践中展现出了惊人的效能。总体来说,法家将赏罚视作廉洁文化形成与维系机制中起决定性作用的要素;儒家却认为赏罚固然重要,但仅仅是官员道德形成与维系的必备条件之一。为何会出现如此显著的差异呢?简而言之,因为法家主张人性本恶,认为应以强有力且严厉的手段为主,利用人趋利避害的本性,通过赏罚来塑造和维系官德,且除君王以外,对所有人都应一视同仁;而儒家,以孟子一派为代表,则主张人性本善,认为对官员和人民的治理(包括官德的形成与维系),关键在于实施成功的教化。但由于人的发展水平参差不齐,且人在社会生活中往往可能言行不一,所以努力建构丰富而有广泛渗透力、滋养性,且能够与时俱进的道德教化体系,才是官民道德形成与维系的首要任务,但同时也须辅以有力度、有等差的赏罚制度,并严格公正实施。

结合马斯洛的需求层次理论来看,坚持人性本恶从而侧重强调他律(即主要依靠调动人的低层次欲望与需求),抑或坚信人性本善进而侧重倚重自律

---

① (唐)魏征等撰:吕效祖点校:《群书治要》,厦门:鹭江出版社,2004年,第807页。

（即主要调动人的高层次欲望与需求）来实现政治的长治久安，正是法家和儒家在政治伦理研判上的一个根本分歧。历史实践表明，在乱世或非常时期，法家的刚性治理更具实效；而在大一统王朝建立后，儒家的柔性治理则更有效用。秦朝速亡的深刻教训恰在于未能完成从"霸道"到"王道"的治理转型——单纯依靠绝对权力和强力赏罚虽能构建外在约束，却难以培育基于共同价值观的内生自律。历史经验证明，只有当官员与民众普遍建立起道德自律，廉洁文化的形成与维系机制才能真正实现可持续发展。

此外，在赏罚规则的制定与实施过程中，执政者如何定位自身的赏罚权责，才能有效达成廉洁文化建设目标？赏罚大权究竟应当绝对独揽，还是需要受到制度程序与道德伦理的双重约束？君主对官德建设与民生福祉的积极影响，究竟源自严刑峻法的极致运用，还是道德感召的精神引领？权力行使的正当性基础，是建立在威慑力之上，还是植根于天下归心的道德权威？这些关乎治国根本的命题，自秦亡以后更加成为历代统治者与思想家持续探讨的重要议题。例如，西汉大儒董仲舒便提出独到见解：

> 为人君者居无为之位，行不言之教……赏不空行，罚不虚出。[1]

董仲舒认为，君主施政前，应善于观察各种迹象，广泛收集信息，深入了解官员治理和民间实情。君主应与大臣们通力合作，根据官员的实际德才表现进行奖惩。他强调，赏罚必须严格依据官员的真实表现——既不能毫无理由地奖赏，也不能没有确凿证据就惩罚。实际上，董仲舒倡导的是一种坦荡公正的王道政治，最终目标是实现功归于臣、名归于君的理想局面。其论述主要围绕如何有效落实赏罚制度，如何培养、维持和提升官员的道德操守，以及如何维护君主的崇高形象而展开。

从中国古代历史发展的经验来看，法家的赏罚理论在实践层面往往能迅速

---

[1] （汉）董仲舒撰，（清）凌曙注：《春秋繁露》卷六，北京：中华书局，1975年，第219—220页。

见到成效，但难以持久；儒家的理论则与之形成鲜明对比——虽见效较为缓慢，却具有更为持久且深远的影响。这种差异实际上对统治者在理论选择与综合运用的能力方面提出了双重考验。

汉武帝以"罢黜百家、独尊儒术"确立了儒家官方地位后，中国传统政治总体上呈现出儒法结合的治理模式。汉宣帝"汉家自有制度，本以霸王道杂之"的著名训诫，深刻揭示了这一治理模式的核心特征。纵观中国历代王朝的政治生态，基本上都表现出代表儒家的"王道"与代表法家的"霸道"相互交融的鲜明特征，只是在两者的侧重程度、取舍方向及组合上存在差异。

在传统政治实践中，"王道"因其光明正大、秉持仁政德治的理念，成为开明政治的重要象征，故而几乎所有朝代都以"王道"相标榜，以强化自身的正统性形象。而法家的"霸道"之术因秦代严刑峻法的历史教训，在官方话语中常遭贬斥，但在实际治理中，其制度设计（如考课制度、监察体系）和施政手段（如律令体系）仍被广泛采用。这种理念上尊儒而实践中用法的"阳儒阴法"模式，是中国传统政治的重要特征。

此外，其他思想流派，包括先秦时期的众多思想派别以及佛教、道教中与赏罚相关的思想观念，也逐渐被融入传统的赏罚思想体系。例如老子提出的"民不畏死，奈何以死惧之"，便是对盲目迷信刑罚威慑作用的统治者的严肃劝诫，成为中国传统赏罚理论不可或缺的补充内容。在中国历史上广为人知的"治乱世用重典"以及"文武之道，一张一弛"之类的思想理念，都是对赏罚观念极为深刻且生动的阐释。由此可见，"赏罚"与廉洁文化的形成和维系机制之间的关系，最终在很大程度上演变成需要借助"中庸""中和"之道来加以理解和实际运用的理论与实践问题。

在中国古代政治实践中，诸葛亮堪称将赏罚的积极作用发挥到极致的典范，陈寿《三国志》如此评价诸葛亮：

诸葛亮之为相国也……尽忠益时者虽仇必赏，犯法怠慢者虽亲必罚，服罪输情者虽重必释，游辞巧饰者虽轻必戮；善无微而不赏，恶无纤而不贬……终于邦域之内，咸畏而爱之，刑政虽峻而无怨者，以其用心平而劝戒明也。①

在陈寿看来，诸葛亮堪称良臣楷模，他将官德发挥到了极致。诸葛亮凭借超凡的政治智慧，在蜀汉国力较弱的背景下，通过"科教严明，赏罚必信"的治理方式，维持着三国鼎立之势。值得注意的是，诸葛亮的治国方略以儒家仁政思想为价值核心，同时灵活运用法家治理手段，形成"王霸道杂之"的治理范式。然而，诸葛亮虽借鉴法家"信赏必罚"之术，却有效规避了其"刻薄少恩"的弊端：既未以君权压制民本，也未实行思想钳制，而是通过"善无微而不赏，恶无纤而不贬""服罪输情者虽重必释，游辞巧饰者虽轻必戮""用心平而劝戒明"，达成"刑政虽峻而无怨者"的特殊治理效果。

唐朝名臣魏征在与太宗论政时，对赏罚制度的精辟见解发人深省。他告诫唐太宗：

> 夫刑赏之本，在乎劝善而惩恶。帝王所与，天下画一，不以亲疏贵贱而轻重者也。今之刑赏，或由喜怒，或出好恶……盖刑滥则小人道长，赏谬则君子道消。②

魏征指出，刑赏的首要功能是惩恶劝善，首要原则是对天下人一视同仁，不能因亲疏贵贱而有所差别。魏征针对太宗因下"供张不赡"滥施赏罚之事，尖锐指出这种行为犯了两大有悖于明君君德的错误：一是助长奢靡之风，二是以个人的喜怒好恶来施行赏罚。他从具体事例出发，由点及面地匡正君德。此外，魏征指出，若君主专任申不害、韩非之道而忽视道德教化，必将导致"刑滥则小人道长，赏谬则君子道消"的恶果。纵观中国古代历史，相较于先秦诸侯，

---

① （晋）陈寿：《三国志》卷三十五，北京：中华书局，1999年，第694页。
② （宋）欧阳修、（宋）宋祁撰：《新唐书》卷九十七，北京：中华书局，1975年，第3872页。

秦汉以降大一统朝代的君主面临更为严峻的执政考验：因为其掌控的财富与权力达至巅峰，极易沉溺于"富贵极致"的诱惑。但实际上，做明君需要付出更多的辛劳，而做普通君主甚至昏君则面临更多的诱惑，更容易沉溺其中。

儒家学说为了适应大一统国家长治久安的需要，不得不减少其观念中的个性化表述和个体自由诉求。不管是注重恪守注疏的汉学，还是强调彰显义理的宋学，其总体上都致力于使儒家思想与天子治国理政需求达成广泛共识，而不是继续无休止地争鸣。换言之，"罢黜百家、独尊儒术"以后，比起先秦时期的孔孟之学，儒家学者不论是个体还是群体，在对君主和社会强势阶层的制衡上，其力量与手段都有所减弱。与此同时，化解佛、道等学说和生活方式对君德、官德中积极入世、勇敢打拼意识的消解，避免富贵对人性的腐蚀，变得更加艰难。后来，理学兼容了儒释道，提出"存天理、灭人欲"主张，这正是对廉洁文化建设内涵、机制进行因时创新的表现，虽然过程中存在矫枉过正的现象，但这也是难以避免的。

《晏子春秋》中记载了这样一则典故：有一次，齐景公饮酒，田桓子陪侍，宴饮时，晏子来朝见齐景公，田桓子见晏子虽受厚赐却车服简朴，于是以"隐君之赐"有过为由，要罚晏子喝酒。晏子据理力争：自己接受"卿位"之赏是为了"行君令"，接受丰厚的赏赐也并非为了富贵，而是为了"通君赐"；享受君恩却只顾自己的奢侈豪华而不管家国，使民流散，置兵革战车不修于不顾才是有过错；自己不仅与父、母、妻三族共享"君之赐"，还救助"国之闲士"。晏子义正词严地指出：自己的所作所为正是在彰显"君之赐"，而非"隐君之赐"。晏子的这番论述不仅使其扭转了局面，还使得田桓子反被罚酒。

这个充满戏剧性的故事传达出如下内涵：贤士大夫接受和利用丰厚赏赐，不应是为了自身的显赫与富有，而应是为了彰显君恩并回报君恩。晏子的做法体现出他高度的修养和智慧。

二、宽严之间，过犹不及

纵观中国古代历史，汉唐两代的赏罚制度比较均衡且有力度，这种制度设计为两大盛世的形成奠定了基础。通过考察《汉书》《后汉书》及新旧《唐书》的记载可以发现，当王朝制度运转正常、文治武功保持较高水平时，统治者往往能在根据官员们的忠奸、贤愚、功过进行恰当、及时的赏罚方面，保持意志坚定、头脑清醒。这在较长时间内对廉洁风气起到了正面激励作用，同时也维持了官员队伍的优胜劣汰和良性更替。厚赏与重罚并举，是西汉武帝时期治理官员的常态。汉朝的将军们，即便是曾追随卫青、霍去病征讨匈奴并立下汗马功劳的名将，其本人及子孙也很少享受特殊优待；而一旦履职出现过失，哪怕仅仅是未建立功勋，便会面临严厉惩罚——包括贬为庶人、处死等。即便是出使西域的名臣张骞，也曾因过失受到惩罚。

出现于唐朝的两大盛世——贞观之治和开元之治，皆是赏罚得当、充分发挥赏罚积极作用的典范。武则天执政期间，在选用贤能、淘汰庸劣方面也颇有作为。这正是唐朝能够维持百余年强盛的重要原因之一。此外，唐朝数代君主还通过在凌烟阁展示有功文臣武将画像的方式，表彰他们的功勋。此举，以荣誉而非财富、地位来激励官员建功立业，对唐朝及后世官员产生了积极而深远的影响，也成为中国古代官德形成与维系的重要机制之一。

从廉洁文化形成与维系机制的运行来看，赏罚的及时性、力度及其持久性至关重要。但在不同的历史条件、治理目标下，以追求最佳政治效果为目标，维持赏罚的相对平衡、把握好轻重缓急是十分重要的，其关键是能因时因势灵活调整策略，以满足廉洁文化机制发挥最大功效的需要。以宋明两朝为例，宋朝治官以宽厚著称，而明朝则把严推向了极致。换言之，宋朝更注重以赏赐激励，明朝则更注重通过严厉的惩罚来维持廉洁文化形成与维系机制的运行。

赵匡胤十分痛恨官员腐败，他深知五代以来官员士大夫的整体风气不佳，因此对贪官绝不姑息。① 他认为士大夫中有忠奸贤愚之分，必须根据其德才区别对待，做到赏罚分明，而德才可靠的官员士大夫是国家的宝贵财富，理应善待。因此，宋朝确立了不杀士大夫、不以言治罪的传统。宋朝也因此成为中国古代开明王朝的典范。

此外，赵匡胤通过整合众多贤能士大夫的政治智慧，构建了既能防止五代分裂割据再现，又能保持制度和文化活力的政治传统。他以与士大夫共治天下的胸怀与魄力，与士大夫群体亲密互动；同时注重提升皇室的雅文化修养，推动了政治生态的良性发展，保障了宋代廉洁文化的形成与维系机制的正常运转。宋太宗进一步强化了宋朝的佑文制度，尤其是通过扩大进士名额、开创皇家教育等方式，极大增强了国家的凝聚力和向心力。真宗、仁宗时期，随着与辽、夏关系趋于稳定，大批德才兼备的官员充实到朝廷和地方，他们主要依靠自律、自励履行职责，使宋朝迎来了廉洁文化形成与维系机制充满活力、运转顺畅的局面；国家君臣和睦，在较长时期内，宋朝士大夫群体中少有恶性竞争，国泰民安。

宋朝对功劳、品行突出的士大夫进行厚赏，这一举措对廉洁文化的重建和理学的兴起起到重要的推动作用，尤其对品行端正的年轻官员士大夫影响很大。体面优越的生活使得士大夫之间长期保持着较为优容的相处状态。即使后来发生了党争，宋朝皇帝不因为个人喜怒而杀士大夫，以及士大夫发生矛盾冲突时坚守底线的优良传统也基本得以保持。这种政治生态延续到南宋时期。宋朝治官的不足是赏过厚、罚过轻。例如，对于逃跑或失职的文武官员，朝廷很少给予具有足够威慑力的惩罚。即使在国家长期面临内忧外患的困境下，这一现象也未能得到根本改变。

前文述及，中国古代先贤强调治国理政当审时度势，根据世道人心的变迁，灵活运用重典、中典或轻典。尤其在践行"刑罚世轻世重"这一传统治理

---

① 《宋史·太祖本纪》称赞他："绳赃吏重法，以塞浊乱之源。"赵翼《廿二史札记》"宋初严惩赃吏"条载："宋以忠厚开国，凡罪罚悉从轻减，独于治赃吏最严。"

智慧时，宋朝统治者未能准确把握其中精要，存在明显缺陷。

明朝在中国廉洁文化建设史上呈现出与其他朝代截然不同的特点，尤其是明朝前期，君主在对待官员士大夫上极为严苛。在对待功臣、官员和富豪的态度与举措上，朱元璋的做法表现出较强的防范与控制倾向，这使得他在处理与这些群体的关系时，呈现出较为强硬和决绝的一面。他对元朝遗留的官僚队伍进行了大规模整顿，同时，对开国功臣也采取了一系列严厉管控措施，众多功臣受到牵连，这不仅削弱了社会精英阶层，也为后来的"靖难之役"埋下了隐患。洪武年间，《大明律》《御制大诰》等律法极为严苛，对官员形成了极大的威慑。同时，特务的严密监控也让官员们时刻处于高压之下。明初的富民阶层受到了波及，而这个阶层富集的文化、文明基因因此遭受重创，不利于雅文化在经历元朝低谷以后的复兴，当然也不利于廉洁文化在较高层面上的建构。虽然朱元璋的后代并没有完全传承他的"祖宗成宪"，但他留下的国家基本体制、文化氛围和政治生态，实际上贯穿了明朝始终。其中，较为突出的表现即重罚轻赏的治理方式在明朝政治中一直占据着重要地位，且在某些时期达到了较为极端的程度。

方孝孺曾如是描述明初施行严厉治官手段后的成效：

> 郡县之官，虽居穷乡绝塞之地，去京师万余里外，皆悚心震胆，如神明临其庭，不敢少肆。[①]

当时的方孝孺未能预料到，明初施行的那些远比单纯整顿吏治内涵复杂得多的开国举措，会构建出怎样的一种政治生态。在这个王朝，德才兼备且具个性的人才所面临的政治风险远比宋朝要高得多。方孝孺当时仅仅基于一种现象，对这种使士大夫"悚心震胆"的铁腕手段表示了一定程度的赞美，然而后来这种铁腕手段变本加厉，最终波及他和其他建文诸臣。

---

① （明）方孝孺著，徐光大点校：《逊志斋集》卷十四，宁波：宁波出版社，2000年，第459页。

从史料记载来看，明朝前期有数十年的政治清明时期，其间涌现出众多在清贫状态下依然坚守官德的清官循吏，但这种"清明"建立在极端手段的基础上，同宋代由"与士大夫共治天下"形成的制度化的廉洁建设成果相比，明初的模式更依赖君主的个人权威及意志，而一旦君主素质降低，廉洁文化建设成效也会随之衰退。明朝的廉洁文化建设实践，揭示了极端化治官手段的局限性，印证了过犹不及的规律，同时也说明，这种缺乏制度保障、过度依靠君主权威推动的官德建设（以廉洁奉公为主体），难以实现国家的长治久安。究其原因，主要有以下三点：

首先，明朝的治官方式过于依赖严刑峻法，在一定程度上偏离了儒家"宽严相济"的传统治国智慧。这种强调威慑而忽视制度建设的做法，虽然短期内整顿了吏治，但长期来看，其伴随的思想禁锢和行政僵化，客观上不利于廉洁文化的发展。

其次，明朝权力结构的集权化倾向自开国之初就较缺乏强有力的制衡机制，这种政治生态使得雅文化与俗文化之间难以形成良性互动，而雅文化实则正是引领廉洁文化获得发展的必要因素。

此外，比较而言，宋朝建立了一套相对完善的士大夫政治体系，其台谏制度和清议传统为廉洁文化提供了制度保障与道德约束；明朝的治理更侧重权谋，而特务、宦官及难以与士大夫产生良性互动的君王，都成为阴暗政治环境形成的推手。

也就是说，如果说宋朝廉洁文化形成与维系机制的建构更多地体现了对儒家之"道"的探索和实践的话，明朝的廉洁文化建设则更多地体现出君主（偶尔包括权臣）对权术的运用。也正是由于这种差别，宋朝和明朝在廉洁文化建设的高度和廉洁文化成就的可继承性方面迥然有别。

同样，正是因为上述种种因素，明前期重罚轻赏的治官方式，对于统治者和被统治者而言，均难以长期维持。大约以世宗怠政、重用严嵩为分水岭，此后明朝廉洁文化的生命力逐渐萎缩。宦官之祸，特务之祸，皇帝、诸王、勋威、中官以"庄田"之名野蛮霸占、兼并土地之祸，矿监税使之祸，昏君胡作非为（如武宗）、乱作为（如英宗、思宗）、不作为（如世宗、神宗、光宗）之祸，廷杖、诏狱对官员的摧辱之祸，使得深受程朱理学熏陶的明朝士大夫们，以及那些只能寄希望于"青天"官员来改善命运的百姓们，承受着巨大的痛苦和压力。在这样的背景下，明朝不但难以像宋朝那样在多个领域取得惊人的发明创造，维持相对稳定、多元的物质与精神生活，而且在开明特质和权力制衡方面存在明显缺陷，而这正是其于内忧外患中走向灭亡的重要原因。李自成、张献忠起义，以及与清政权的战争，则成为明朝覆灭的直接原因。

三、中观层面的分析

（一）用人赏罚的平衡问题

"选贤任能"作为儒家政治理想，在中国古代官僚体系中始终具有理论上的首要地位。自三省六部制诞生以后，通常是吏部的权力最受重视，历史上六部的排序是吏、户、礼、兵、刑、工，可见吏部权力的实质性影响最大。在廉洁文化形成与维系机制的运转中，奖励举荐贤能者，严惩嫉贤妒能和徇私舞弊者，是历代选官制度的核心原则之一。从理论上讲，这种奖惩制度应该相对平衡，才能达到选贤任能的最佳效果。举荐贤能的根本目的是为国家机器的健康运转增添优秀人才，嫉贤妒能和徇私舞弊则会埋没、减少人才，甚至推举庸劣之辈。前者能实现优胜劣汰，维护的是集体的最高利益，后者则阻碍优胜劣汰，甚至造成劣胜优汰，违背甚至破坏集体的最高利益，最终损害到国家的根本利益。而如何确定举荐者、嫉贤妒能和徇私舞弊者的奖惩标准，一直是选官制度的设计难点。例如，如何衡量拥有举荐权的官员的表现，是否能够将其量化？而官员不举荐贤能算是失职吗？若构成失职，又属于何种性质的失职？这些问题在历朝历代实践中均有探索，但探索过程之艰难、情形之复杂，往往超乎后人的想象。

以明朝为例，在科举成为选官用人主流制度的背景下，明朝统治者力图保留举荐制度，以匡补科举制度在选拔人才类型、品格、才华上的不足。洪武十五年（1382），本着"佐铨法之不及，而分吏部之权"的目的，明太祖命朝觐官员各举所知一人。① 两年后，又要求吏部将朝觐官们举荐之人详细造册，并登记举主姓名。待被举者任满后，依据考核情况，对举主与被举者一同进行黜陟。② 明成祖继承了这一严苛的传统，永乐九年（1411），他下令在内文官七品以上及近侍官、在外五品以上及县正官，从五品以下官员及民人中各举所知一人，并规定"吏部考验，如果贤能，量材擢用，其所保非才，或授职之后阘茸贪污，举主连坐"③。明宣宗继位后多次下令京师、地方高级官员举荐贤能，并重申，若被举者以后犯赃罪，"举主连坐""并罪举者"。然而，从历史记载来看，这一制度在实际执行中很少兑现，尤其是在宣德以后。

明宣宗后来也意识到了"举主连坐"的弊端：

<blockquote>《实录》言：宣德五年八月丙戌……上曰：近代有罪举主之法，夫以一言之荐而欲保其终身，不亦难乎？朕以为教养有道，人材自出。④</blockquote>

对拥有治官权力的政治家来讲，"严荐举，精考课"本是一种合理要求，但其奖罚尺度也实在难以把握。事实上，过分强调结果容易导致官员因畏惧惩罚而趋于保守，尤其是这种苛刻要求变成了高压的法令后，易使整个官员队伍患得患失，甚至行为异化。廉洁文化维系机制要求选贤任能，但对于举主是否应该为被举荐者入仕或擢升之后的表现负责、负多少责，历来存在争议。明代选官连坐制度的失败印证了苛责的弊端，而明宣宗"教养取才"的治国理念则展现出政治智慧——他深刻认识到，唯有通过系统化的人才培养机制，才能为荐举制度奠定坚实基础。

---

① （清）张廷玉等撰：《明史》卷七十一，北京：中华书局，1974年，第1719页。
② 《明太祖实录》卷一百六十三，红格钞本。
③ 《明太宗实录》卷一百二十三，红格钞本。
④ （清）顾炎武：《日知录》卷九，见《顾炎武全集》，上海：上海古籍出版社，2011年，第18册，第384页。

从明宣宗的案例可以看出举荐制陷入了两难局面。实际上，朝廷并未严格追究举荐者的连坐之罪，以致徇私舞弊、滥举之风盛行。有鉴于此，明英宗遂于正统十三年（1448）废除了保举制。虽然其后景泰、成化、弘治、嘉靖等朝多次尝试恢复，但皆未能长久推行，成效也不显著。

概而言之，如何制定、执行与完善在职官员向朝廷举荐人才的制度，自古便是一道难题。古代中国在以人治为主导的社会环境下，构建和优化这样的制度尤为艰难。究其原因，主要有以下几点：保举制度涉及巨大的权力与利益，当事双方往往难以长期抵御私欲的诱惑。多数情况下，即便在短期内能够抵制这种诱惑，廉洁自律，但很难一以贯之。此其一。在中国古代，出于公心使用保举权，是为国尽忠的表现，符合国家利益。而孝悌之道及其衍生的对亲属、益友、同窗的帮扶义务，既与传统道德存在关联，又近乎是人的本能反应。面对亲近之人的请求，举荐官员要做到一视同仁，需要具备极高的道德修养，而现实中这样的官员往往只是少数。所以，历史上不乏官员在亲友的影响下滥用保举权。此其二。

如果严格执行举主连坐制度，至少需解决以下三个难题：第一，举主成功推举经实践检验的优秀人才后，国家是否要给予相应奖励？从理论上讲，奖励应当具备足够的力度，才足以抵消滥用权力可能带来的利益诱惑——这在官员道德修养普遍不完美的常态下尤为重要。第二，历史经验表明，刚性的制度化权力行使应成为主流，弹性的个性化权力行使只能作为补充。但在具体实践中，如何把握时机和分寸也是一大难题。儒家对命运共同体意识有着深刻认知，强调伦理道德、教化在国家运转、官德建设中的作用，并不断丰富与完善道德修养的认识论与方法论，倡导雅文化，以实现"内圣外王"的理想，引导士大夫践行修身、齐家、治国、平天下的理念，但历史上许多君王和官员士大夫，仍在不同程度上被权力腐蚀，这表明保举制这种人性化的权力行使具有很大的弹性，很难把握。第三，人的道德观念、心理状态往往随着环境变迁而改变，尤其是在掌握权力前后，以及手中权力从小到大的过程中，即便最具睿智与远见的举荐者，也难以预判被举荐者任职之后的行为表现。若要求举荐者对被举荐者后续的行为负责，显然不切实际。除非有证据可以证明举荐者出于私欲并从中获利，否则不应追究其连带责任，至多只能说明举荐者识人不清。

综上，历朝统治者如欲凭借举荐制度选拔德才兼备之士，以弥补科举和论资排辈之不足，则应该审慎权衡上述难题，并寻求切合实际的解决方法。由此可见，古代中国以廉洁文化为核心的官德的形成和维系机制，其运行和完善过程十分艰难。

（二）精神赞美的重要性

在中国古代官员的赏罚体系中，物质与精神层面的激励惩戒往往相辅相成。就精神层面而言，其不仅体现在官员及其家族的荣辱得失上，还体现在君主与上司对官员亲疏态度的变化上。对于那些追求道德完善的士大夫而言，来自明君或伯乐的赏识尤为珍贵——这种基于相近人文修养与价值认同的欣赏，往往成为最高层次的精神奖赏；而若因故遭到君主或上司的疏远，则可能被视为最严厉的精神惩罚。唐太宗与宋仁宗堪称践行这种赏罚艺术的典范。

以唐太宗为例。贞观时期，唐太宗通过独特的精神激励机制，与魏征、马周、虞世南等贤臣构建了深厚的君臣情谊，形成了以儒家伦理为基础、以情感共鸣为纽带的模范君臣关系，在中国古代政治史上开创了"君明臣贤"的理想范式。《新唐书》载：

> 帝尝问群臣："征与诸葛亮孰贤？"岑文本曰："亮才兼将相，非征可比。"帝曰："征蹈履仁义，以弼朕躬，欲致之尧、舜，虽亮无以抗。"[1]

太宗在群臣面前赞美魏征，公开将魏征置于诸葛亮之上，这对魏征而言无疑是极大的荣誉与激励。同时，太宗以"蹈履仁义"而非政治才能或军事功绩作为评价标准，实则是在向群臣昭示其用人原则——他将道德操守置于事功之上，引导士大夫群体将廉洁奉公内化为价值追求。

---

[1] （宋）欧阳修、（宋）宋祁撰：《新唐书》卷九十七，北京：中华书局，1975年，第3876页。

《旧唐书》记载了唐太宗与马周深厚的君臣情谊:

> 周有机辨,能敷奏,深识事端,动无不中。太宗尝曰:"我于马周,暂不见则便思之。"……太宗伐辽东,皇太子定州监守,令周与高士廉、刘洎留辅皇太子。太宗还,以本官摄吏部尚书。二十一年,加银青光禄大夫。太宗尝以神笔赐周飞白书曰:"鸾凤凌云,必资羽翼。股肱之寄,诚在忠良。"周病消渴,弥年不瘳。时驾幸翠微宫,敕求胜地,为周起宅。名医中使,相望不绝,每令尚食以膳供之,太宗躬为调药,皇太子亲临问疾。周临终,索所陈事表草一帙,手自焚之,慨然曰:"管、晏彰君之过,求身后名,吾弗为也。"[①]

唐太宗是中国历史上的典范君主,他与众多贤能臣子都建立了良好的师友关系。太宗不仅对马周委以重任,令其辅佐太子,更以"鸾凤凌云,必资羽翼"的飞白书相赠,将马周视为实现其政治理想的重要依靠。当马周病重时,太宗不仅敕建宅第、派御医诊治,更"躬为调药",皇太子亦亲临问疾。这种无微不至的关怀,使马周在临终前毅然焚毁谏稿,发出"管、晏彰君之过,求身后名,吾弗为也"的慨叹。毋庸置疑,太宗的一系列行为比任何物质或官爵封赏更令马周感动。太宗对贤臣的精神依赖、器重及其发自肺腑的赞美成为这些忠臣以近乎忘我的自励精神报效国家的强大动力。这也契合"君子喻于义"的高尚价值追求。由此可见,太宗的真诚器重激发了臣子的报国热忱,而臣子的忠勤任事又反过来成就了太宗的治国伟业。这种君臣基于精神世界与情感高度契合的良性互动,奠定了贞观之治的基础。

再看唐太宗对虞世南的由衷赞美:

> 虞世南,会稽余姚人也。……太宗尝称世南有五绝:一曰德行,二曰

[①] (后晋)刘昫等:《旧唐书》卷七十四,北京:中华书局,1975年,第2619页。

忠直，三曰博学，四曰词藻，五曰书翰。及卒，太宗举哀于别次，哭之甚恸。①

虞世南有惊人的记忆力，在文学、经史方面对太宗产生了特殊影响，堪称一代帝师。太宗曾用"朕有一言之善，世南未尝不悦；有一言之失，未尝不怅恨"来称赞虞世南的耿耿忠心。虞世南去世后，太宗更是直言"虞世南于我，犹一体也"，"钟子期死，伯牙不复鼓琴，朕之此篇，将何所示"，表达了对虞世南去世的深切悲痛与怀念，体现出君臣关系之洽。

北宋前期，蜀地多次爆发起义和兵变。自太宗以降，数位皇帝都曾为此感到困扰。"铁面御史"赵抃受朝廷委派，四次入蜀为官。他是继张咏之后，又一位使蜀地实现长久安宁的优秀政治家。宋神宗曾当面称赞曰：

闻卿匹马入蜀，以一琴一鹤自随，为政简易，亦称是乎？②

这种君主对官员当面进行的赞誉，对于贤士大夫而言，是一种极具感动效果的奖赏。历史上，君臣之间形成完全信任关系甚至情同手足的情况并不多见，而一旦双方基于品格相当、志趣相同形成深厚的信任关系，将成为对那些重义轻利优秀官员士大夫的最大激励。在这方面，刘备与诸葛亮的君臣之谊堪称典范。

自西周以降，分封土地、人民给功臣，是赏赐官员以表彰其功德、传播官德的常见做法。汉代以后有所变化，封国、封地上能够起兵作乱的资源被收归中央，但其他资源、财富部分或全部仍属于受封之臣，封国、封地可以世袭。此外还有加官晋爵，赏赐钱物，门荫、恩荫子孙直接承袭官职、爵位，陪葬皇陵，配享太庙，建祠祭祀等赏赐方式。

---

① （唐）吴兢：《贞观政要》卷二，上海：上海古籍出版社，1978年，第40—41页。
② （元）脱脱等：《宋史》卷三百一十六，北京：中华书局，2000年，第8314页。

嘉庆十四年（1809），皇帝下诏，表彰在四川平息白莲教之乱、使川西人民免遭祸害的经略额勒登保、参将德楞泰。下令在成都为德楞泰建立了纪念、祭祀专祠。在北京，德楞泰还入祀了昭忠祠。皇帝专门写诗表示哀悼：

> 将星陨落报秦陲，褒鄂继亡挽不留。日下共推双俊杰，川中益著大谋猷。至今三省无遗孽，忆昔八年未解忧。赐奠灵前和泪滴，入祠晋爵旧勋酬。①

这些纪念行动和御制诗歌，发挥了精神赞美的作用，有助于彰显、传播忠君爱国的官德，在全社会形成示范效应。

恩荫功德突出的官员亲属，是古代官德建设的重要手段。通过恩荫制，忠烈、循吏的家人获得更高的身份、地位和荣誉。恩荫制既表示了对功臣家族的褒奖，也强化了忠君思想和国家认同，同时体现了国家对忠臣及其家族的倡导。

以《嘉庆成都县志》"封荫"部分为例，据该志记载，宋代成都因亲人功德获得"封荫"者共37人，其中包括：因兄、子功绩获赠官位（如朝奉郎、金紫光禄大夫）者6人；因父亲功绩获荫，授予荣誉职位（如朝请大夫、将作监主簿、县主簿等）者6人；因父、祖、曾祖为国殉难而授官者10人；其他恩赏者15人。

清代，成都是国家控制西部的政治军事重镇，在平定内忧外患中发挥了重要作用。《嘉庆成都县志》记载的封荫人数达到206人，其中四分之三以上是在成就乾隆帝"十全武功"及平定白莲教暴乱中殉难的清军武官的亲属。典型者如岳钟琪、岳钟璜家族，该家族因此二人建立的巨大功勋而有11人获得了封荫。岳钟琪是清代德才兼备、在稳定国家西部边疆中建立重大功勋、被乾隆

---

① （清）《嘉庆成都县志》，见成都市地方志编纂委员会、四川大学历史地理研究所整理：《成都旧志》，成都：成都时代出版社，2007年，第10册，第15页。

帝赞为"三朝武臣巨擘"的儒将。朝廷对他的直系亲属封荫上及曾祖、祖、父三辈,下及儿、孙、曾孙三辈。作为一位汉族统帅,岳钟琪及其亲属所获得的荣宠,不仅是对岳钟琪个人功绩的表彰,也体现了朝廷对忠诚、勤政等伦理道德的高度推崇。岳钟琪家族对清廷亦颇为忠心,其中,岳廷杬在乾隆三十六年(1771)小金川叛乱中被俘,面对叛军的威逼利诱,他宁死不屈,最终殉国。史载:"与仆张国祥同被执,贼百计胁降,不屈死。从祀慰忠祠。"[1]

南宋理学家靳裁之提出了"三品说":

> 士之品大概有三:志于道德者,功名不足以累其心;志于功名者,富贵不足以累其心;志于富贵而已者,则亦无所不至矣。[2]

靳裁之,颍昌人,早年学习程颢、程颐的伊洛之学。胡文定入太学时,曾拜其为师。其"三品说",以道德、功名、富贵作为士人的不同价值追求,实际上是对"三立"(立德、立功、立言)学说的丰富和发展。

对于传统士大夫而言,追求"止于至善"可视为"立德",偏重文韬武略或学术、教育则相当于"立功""立言"。官员士大夫中志在富贵者,即便"取之有道",但若以追求富贵为最高价值目标,亦会因其道德境界有限,难以发挥对下属、民众的垂范作用。志在富贵者所得到的富贵本质上与通过实现"三立"获得赏赐而形成的富贵并不相同。前者以实现富贵为人生最高志趣,而富贵于后者而言,只是其在实现更高的精神追求后产生的自然结果,两者对同僚、下属、民众的影响迥然不同。志在道德、功名者看重的是精神目标的实现,这些目标往往与"公"相关。与之相反,志在富贵者本身看重的是物质欲望的满足,物欲通常与"私"相关。前者能够做到进退有据——"达则兼济天下,穷则独善其身",既不会贪恋权势地位,也不会因为争夺富贵而引发内部

---

[1] 《嘉庆成都县志》,见成都市地方志编纂委员会、四川大学历史地理研究所整理:《成都旧志》,成都:成都时代出版社,2007年,第10册,第99页。
[2] (清)黄宗羲著,(清)全祖望补修:《宋元学案》卷十四,北京:中华书局,1986年,第583页。

纷争；后者则很容易成为被权力、富贵腐蚀的对象，丧失道德底线。

实际上，对于廉洁文化形成与维系机制建设而言，尤其是在对奖惩这一关键杠杆的运用上，明智的王朝会努力构建精神奖励与物质奖励两大奖励系统，且对有"三立"作为的士大夫以精神奖励为主，以物质奖励为辅。精神奖励包括赐谥号、赐立牌坊、建祠庙，从祀帝王圣贤祠庙，以其名命名重要道路或景观，以其生卒时间设立纪念节日、青史留名等；物质奖励则包括加官晋爵、赏赐财物等。这些奖励方式需根据不同时期、不同对象灵活变通运用。否则，仅靠一味地加官晋爵，赏赐真金白银或土地、人口，反而达不到奖励的终极目标——进一步强化官员的核心价值观和对雅文化的坚守。这一实践，体现了我国古代廉洁文化形成与维系机制在建设、优化过程中的重要成就，凸显了"义"高于"利"的价值导向。正如孟子对梁惠王所说的那样："上下交征利，而国危矣。"这便是历史规律。

第三节　监　察

一、中国古代监察制度的发展过程

政治治理是在充分搜集、掌握各类相关真实信息基础上进行用人和决策的行为。任何一种政治治理，不仅需要选拔出德才俱佳的人担任官员，还需要使之在工作中始终保持良好的道德修养与素质水平——这就对建立有效的监察机制，以实现对在职官员的忠奸、贤愚、勤惰等方面的监督与考核提出了要求。

《孔子家语》记载了一段子路与孔子关于贤君治国的讨论：

> 子路问于孔子曰："贤君治国，所先者何？"孔子曰："在于尊贤而贱不肖。"①

所谓监察，就是指通过准确掌握信息，对在职官员进行监督与考核，以实现"尊贤而贱不肖"的目标，确保官员队伍的廉洁与高效。它包括监督、考核两个方面，二者既相互关联又各有侧重。下文主要探讨监察的监督功能及其与廉洁文化运行机制的关系。

中国古代政治文明建设史上，历代先贤遵奉"天下为公、选贤与能"的理想，以实现国家太平、长治久安为目标，通过不懈努力，使得我国的监察制度不仅发育、成熟较早，而且形成了良好的传统，为后世提供了很好的借鉴资源。中国历史上的大多数朝代都对监察制度进行了深入的探索，兹选择其中的典型事例按时代顺序介绍如下。

（一）先秦时期：监察活动的出现和思想内涵建构期

古代监察可能起源于五帝时期。"四岳"之官作为四方诸侯之长，要考察、掌握诸侯（部落首领）的表现，包括其德才与功过。从《尚书·尧典》和《史记·五帝本纪》记载中，可见他们接受天子咨询、推荐人才时的活跃身影和受信任的程度。夏商周三代，天子赋予"方伯"——一方诸侯之长对本方诸侯进行监察，并向天子报告，甚至奉王命讨伐、制裁不法诸侯的权力。然而，关于这些监察活动所具有的专门的监察属性到底如何，目前尚难做出准确判断。

刘向在《说苑》里有一条重要记载：

> 周公践天子之位，布德施惠，远而逾明。十二牧，方三人，出举远方之民，有饥寒而不得衣食者，有狱讼而失职者，有贤才而不举者，以入告

---
① 王德明：《孔子家语译注》卷三，桂林：广西师范大学出版社，1998年，第150页。

乎天子。①

此处提到的"十二牧"(四方中每方派遣三人),其职掌应该是比较明确的,他们奉天子和朝廷之命前往各地,掌握吏治民生实情,类似于后世的巡按御史兼采访使。天子通过"十二牧"掌握政教实施状况,尤其是"有饥寒而不得衣食者,有狱讼而失职者,有贤才而不举者"这三类庸劣官员的情况,待诸侯之长朝拜天子时予以告知,这些诸侯之长回国需依天子之言警戒、整治。普通百姓得知天子虽居首都却能明察地方治理状况和官员贤愚,而对天子更加崇敬。由此可见,"十二牧"的设置帮助天子实现了耳聪目明,收到了"近者亲之,远者安之"的良好效果。

先秦时期,古人对于如何识别忠奸贤愚,已经积累了丰富的经验和智慧。例如,魏文侯欲通过设相来辅佐自己管理国家,但在季成子和翟触之间犹豫不决,为此他征求被自己视作老师的李克的意见。李克在魏文侯的恳求下提出了四条识人标准,即"贵视其所举,富视其所与,贫视其所不取,穷视其所不为,由此观之可知矣"②。文侯依此标准,最终选择了季成子。这四条标准对后世的监察制度产生了深远影响。

不过,先秦时期尚未形成独立的监察机构,也没有专职的监察人员,总体上看,只是偶尔由少数兼职监察官员进行监察。春秋战国时期列国皆设有御史,其原为国君近臣,掌文书及记事,大约至战国后期才逐渐兼有监察职能(为秦朝建立三公九卿制奠定了基础)。这个时期以国君监察为主,相国、郡守也可以监察地方,但其行为更多是随机发生的。

这一时期监察的特点大致可概括为以下几点:

(1)兼职监察。包括国君对官员、上司对下属、权高者对权低者的监察,这类行为多包含在日常管理中,监察权力均来源于君王。

---

① (汉)刘向撰,向宗鲁校证:《说苑校证》卷一,北京:中华书局,1987年,第6—7页。
② (汉)刘向撰,向宗鲁校证:《说苑校证》卷二,北京:中华书局,1987年,第39页。

(2) 监察范围较广泛。不仅监察官员的履职情况，还监察官员及民众在为人处世中的严重失德行为。

(3) 以官员有无"蔽明"（掩盖真相）、"蔽贤"（压制贤才）行为为监察重点，特别注重对"蔽明""蔽贤"行为的检举和揭发。齐桓公在位时期，齐国将"蔽明""蔽贤"视为严重的官员失德失职行为，会予以严惩。

（二）秦汉时期：监察制度形成并产生重大作用

秦始皇确立中央集权制，同时创建监察制度。设御史府，以御史大夫为首，位列三公，地位次于丞相。御史府负责监察百官，纠举不法行为，以确保官员廉洁奉公，监察范围覆盖中央和地方。汉承秦制，设置御史大夫，领导监察。汉绥和元年（公元前8年），御史大夫改称大司空（掌工程），职掌发生了变化。到东汉时，御史府改称御史台，御史中丞成为御史台长官，专司监察。伴随监察权限的扩大，御史台终于脱离少府，成为相对独立的监察机关，其专门性显著增强，这是一个重要改变。

在对地方的监察方面，汉朝废除御史，改由丞相派遣"丞相史"分刺诸州。汉武帝时，将全国分为13个监察区，命名为州部，每个州部设刺史1人，为专职监察官，以"六条问事"对所属各郡进行监察。部刺史的设置，标志着古代中国监察制度基本形成。东汉时期，监察制度得以进一步调整，变得更加完善。御史台又称宪台，御史中丞成为长官，但职权有所扩大，与尚书台、谒者台并称"三台"。京师设司隶校尉1人，其地位显赫，是皇帝特殊礼遇的"三独坐"[①] 之一，负责监察除三公外的朝廷百官和京师近郡违法官员。州刺史的权力也较大，威慑力强，但在汉末逐渐变成地方行政长官，原本的监察职责不再，监察区也变成了行政区，地方监察制度基本失效。这一变化与东汉末期地方豪族势力崛起和黄巾起义以后的乱局有直接关联。

---

① "三独坐"指东汉时，尚书令、司隶校尉、御史中丞在朝会时均专席而坐，故称。汉代百官朝会，一般接席而坐，此三官各独坐一席，以示皇帝优宠。

汉代"六条问事"作用很大，具有鲜明的时代特色与监察针对性，其内容以廉洁文化的维系和引导为主，以事功的实现为辅，体现了汉武帝意图迅速解决地方豪强和封疆大吏沆瀣一气、欺上瞒下等顽疾，扭转官德官风，加强中央集权的坚强意志和决心。

汉武帝领导的汉朝欲迅速走出秦朝短命而亡的阴影，摆脱妨碍汉朝继续发展的黄老无为思想的束缚，就必须进行一场高效的变革，即建设以儒家纲常为核心价值的精神文明。汉武帝力图加强中央权力，而强宗豪右与不法官吏（二者往往身份重叠或互相勾结）成为其主要障碍。历史记载，汉武帝通过设立刺史、任用酷吏，掀起了铲除、整治强宗豪右与不法官吏的风暴行动。这一举措使汉朝于多事之秋迅速振作并聚合力量，为两汉盛世打下重要基础。"六条问事"的监察行动直指官德的要害问题，其配套行动和手段迅猛有力，是中国古代廉洁文化建设与国家文治武功实现良性互动的典范，具有深远的历史意义，非常值得后世回顾和总结。总之，在监察机构、制度、措施的专门化和系统化及其与其他制度的动态协调方面，汉朝都积累了丰富经验（其中当然也不乏教训）。

（三）魏晋南北朝： 监察制度与活动总体迁延、局部革新时期

曹魏和西晋均属短命王朝，门阀士族把持政权，其政治成就与两汉相比较为有限，监察制度也未能在维系官德方面发挥出显著效用。与南朝相比，北朝在监察制度方面的变革较为显著。

具体而言，南梁、北齐的御史台和北周的宪台长官仍为御史中丞，北魏称御史中尉。由于御史台长官权势较大，这一时期出台了针对监察官员犯法渎职的规定。比如，若群臣犯罪，而御史中丞失纠，则御史中丞也会受到惩罚甚至被罢官。此外，为防止门阀士族控制监察，还明确规定大士族出身的官员不得担任御史中丞。

南北朝时期，御史中丞下设殿中御史、检校御史、督运御史等，监察分工进一步细化。宋、齐、梁、陈政权承认御史"闻风奏事"的权力。后世对此举颇有争议，但从廉洁文化建设角度来讲，笔者以为这一时期的监察制度

实际效果相当有限。这一时期，北朝依靠更多更成功的实质性变革，使整体官德水准在西魏北周时期全面超越南朝，奠定了隋朝统一全国的坚实政治基础。

（四）隋唐：监察制度成熟时期

隋朝的最高监察机构仍为御史台，长官由御史中丞更名为御史大夫，下设治书侍御史2人；御史脱离宫禁，成为中央专职监察官。隋朝改检校御史为监察御史，共设12人，专掌外出巡察。地方设司隶台和谒者台，司隶台置司隶刺史，负责分部监察；谒者台负责出使监察地方。可见，隋朝的监察制度进一步精细化、专门化了。

唐朝开国初期，皇帝励精图治，开明纳谏，君臣和睦，善于因革损益。贞观之治最接近以仁政为蓝本的治理状态。从机构设置上看，唐朝形成了监察和谏议两个系统。《通典·职官六》载："自贞观初以法理天下，尤重宪官，故御史复为雄要。"[①] 唐太宗曾盛赞著名谏臣魏征："卿所陈谏，前后二百余事，非卿至诚奉国，何能若是？"[②] 可见，唐太宗深刻认识到了开怀纳谏的益处，并虚心接受臣子的谏诤。可以说，贞观年间，由于君臣价值观和治国理念高度一致，君和臣实现了良性互动，也实现了"家天下"与"公天下"的融合。

唐朝在御史台下设台院、殿院、察院，三院分工明确且相互配合。地方上设十道（后增至十五道）监察区，形成了比较严密的监察网络。谏官组织分隶中书、门下两省，形成了台谏并立的局面。唐初，中央继续设御史台，以正三品御史大夫为首、正四品御史中丞2人为辅。武则天时期，改御史台为左右肃政台。中宗时期又改为左右御史台。

唐朝进一步扩大了监察机构和御史的权力，御史台不仅负责监察，还拥有一部分司法权，能够监督大理寺和刑部的司法审判。同时，谏官系统也趋于成

---

① （唐）杜佑：《通典》卷二十四，北京：中华书局，1988年，第670页。
② （后晋）刘昫等：《旧唐书》卷七十一，北京：中华书局，1975年，第2547页。

熟。三省制之下，门下省的主要职责是审议、封驳诏令，匡正君主、宰相的政治得失。门下省设散骑常侍、谏议大夫、拾遗、给事中等职，专门监察君王言行。其中，给事中掌封驳（复审）诏制，权力更为重大。

唐朝前期，至少直到开元年间，主要依靠巡视、巡察的力量，大多数时候皇帝和朝廷对地方吏治民情均有清醒的掌握，通常会根据官员的真实表现予以奖惩。唐太宗、唐玄宗均深谙治道、雷厉风行，监察官用人得当，廉洁文化建设成效显著，为缔造盛世保驾护航。可见，只有君王励精图治，监察的结果才能迅速转化为有力的奖惩行为，使廉洁文化形成与维系机制中的"优胜劣汰"功能得以充分发挥。官场通过吐故纳新增添正能量，很大程度上保障了唐朝国力，使得唐朝在"安史之乱"后还能延续约一个半世纪。然而，"安史之乱"后，国家整体政治生态和政治军事格局已经混乱，出现了军阀割据、牛李党争、宦官专权等现象，所以监察制度的正能量在中唐以后也难以凸显。

（五）宋元：监察制度整体与时俱进、局部创新时期

宋朝起源于一场以武人为主、文官为辅的军事政变。在成功建立新政权后，皇帝和文官们为了防止五代分裂割据的重演，便将监察制度的重点转变为加强对地方主官德才的及时了解与纠治。其局部创新之一是在地方州、府设通判，该官职既作为主官副手处理部分政务，也负责监察主官。此外，路一级的转运使、提点刑狱公事等官员也负有监察州县官员的职责。宋朝极力避免武人干政，不仅通过一系列分权措施削弱武将掌控军队、挑战皇室权威的可能性，而且佑文政治也在君主和众多文臣高度一致的利益、情感、认知基础上获得空前发展。因此，两宋能够基于唐朝的监察制度做到整体与时俱进，尤其是实现了对地方主官的监察与对君王的监察协同加强。从机构设置来看，宋代成立了专门负责谏诤的谏院，宋初由门下省析置，以分隶门下、中书两省的左右谏议大夫、司谏、正言等为谏官。在开明程度不亚于唐朝的两宋，他们经常是当朝堂上君王犯错时，表达不满最为激烈的群体。此外，为了保证监察御史具有丰富的从政经验，尤其是能够发现地方官员失德失矩

的问题,宋朝明确规定,未经两任县令者,不得任御史之职。同时,宋朝不仅承认起于南北朝的御史"闻风奏事"之权,还鼓励谏官多加运用。御史每月必须奏事一次,称为"月课";上任后百日内必须弹劾官员,否则就要被贬为外官或受罚俸,其被罚之俸称为"辱台钱"。但这种做法利弊参半。考虑到宋代监察官的主要监察对象是宰执大臣,如此一来,台谏和政府往往势同水火,这也使得宰执大臣们在谋划大事时比较谨慎。从廉洁文化维系机制来看,宋代严格的官员考核和相对到位的监察制度使得官员士大夫的压力几乎无处不在(宋代士大夫不论贤愚,在官场一直很顺利的人很少,多数人身不由己沉浮宦海,甚至遭受冤屈,这都与"闻风奏事"和"月课"制度密不可分。因此,宋代除了个别昏君当政期,朝堂上很少出现巨奸大恶或遭其长期把持朝政的局面)。总体来讲,宋代廉洁文化形成与维系机制的运转是充满活力的。

尤其值得一提的是,宋朝皇帝普遍坚持与百官(含地方重要官员)进行经常性的单独见面、对话(突出表现在官员上任和述职期间),这种转对制度,既是宋朝皇帝表达对士大夫极为信任甚至敬重的重要方式,也是一种皇帝亲自对重要官员进行考核、监察的手段,体现了君德和臣德的良性互动。这一制度还能大大降低后妃、宦官等势力离间、操纵君臣关系的可能性,可谓一举多得,是古代廉洁文化维系的有益经验。

正如元朝官修《宋史》,在总结宋朝产生循吏的根源时写道:

> 宋法有可以得循吏者三:太祖之世,牧守令录,躬自召见,问以政事,然后遣行,简择之道精矣;监司察郡守,郡守察县令,各以时上其殿最,又命朝臣专督治之,考课之方密矣;吏犯赃遇赦不原,防闲之令严矣。[①]

---

① (元)脱脱等:《宋史》卷四百二十六,北京:中华书局,2000年,第9925页。

实际上，这三条措施都是具有宋朝特色且在大部分时期得以不同程度坚持实行的制度与传统。第一条体现了宋朝皇帝普遍能与士大夫建立紧密的君臣关系，通过这种方式能满足士大夫熟读《论语》后普遍产生的一种心理渴求，即"君待臣以礼，臣事君以忠"。"天恩"以一种轻松的方式播撒到士大夫身上，激发了他们的自尊、自重。加上宋朝厚赏薄罚、不以言治罪的基本政治生态，十分有利于伦理道德修养较好的士大夫终身坚守官德，并激发其中佼佼者增强天下兴亡、国家治乱的主人翁责任意识。范仲淹在《岳阳楼记》写道："居庙堂之高则忧其民，处江湖之远则忧其君……先天下之忧而忧，后天下之乐而乐。"这种人生自励，以及大儒张载"为天地立心，为生民立命，为往圣继绝学，为万世开太平"的豪言壮志，均是明证。皇帝通过转对制度对地方官员"躬自召见，问以政事，然后遣行"，实际上又带有对官员面对面独立考核、监察的性质，当然，只有对那些德才有亏、为清议所不满的士大夫才会形成压力和督促。第二条是宋朝比较系统的、多管齐下的考课制度以及并行监察的方式。第三条则体现了宋朝法制在对待官员上不仅宽严相济，而且严不失当。

与宋朝同时，并努力学习借鉴宋朝礼乐制度与经验的金朝，在明君统治时期，其监察制度也取得了一定成功。

《金史·宗雄传》记载：

> 自熙宗时，遣使廉问吏治得失。世宗即位，凡数岁辄一遣黜陟之，故大定之间，郡县吏皆奉法，百姓滋殖，号为小康。……章宗追述先朝，遂于即位之初行之。[①]

由此可见，深受儒家文化熏陶、号称"小尧舜"的金世宗完颜雍，其文治武功的基础之一，就是通过有力的监察制度维系的廉洁文化。金世宗在位时期，宋孝宗和张浚谋划的"隆兴北伐"未能成功，也在情理之中。

---

① （元）脱脱等：《金史》卷七十三，北京：中华书局，1975年，第1681页。

而元代的监察制度，在大致沿袭唐宋监察制度的基础上有所创新。其监察体系较为完善，具体而言，其一是在中央设御史台，其二是在地方上设江南诸道行御史台与陕西诸道行御史台。此外，元朝将全国划分为二十二个监察区域，并设置相应的肃政廉访司。为了规范御史台的运作，元朝也制定了相应的制度和机制。行台制度和肃政廉访司都是元代首创。总之，元代监察制度以三台为主干，以二十二道肃政廉访司为网络，体系比较严密。然而令人遗憾的是，元朝明君较少，相权过度膨胀，官员出身混杂且素质参差不齐，加上四等人制度导致的社会矛盾，致使廉洁文化生态持续恶化，这也极大缩短了元朝的统治周期。不过，元朝在中国古代监察制度史上仍应占有一席之地。兹举一例说明：

周伯琦，字伯温，饶州鄱阳（今江西省鄱阳县）人。元代书法家、文学家，其人堪称铁面御史。至正五年（1345），周伯琦被任命为广东道肃政廉访司佥事，次年赴任。周伯琦遍行广东各地，整个过程历时一年，行程两千五百余里，"罢斥官吏污秽不职者一百十人"，"释狱之无辜者一百十二人，疑事不决者决之，州县之狱为之一空"。然周伯琦此次出巡颇为不易，因广东地处偏远，"去京师万里"，又为"炎瘴之地，毒气害人，甚于兵刃"。元代士大夫多不愿在广东任官，"仕者不欲往，往者又不欲久居"，但周伯琦不仅不畏艰险，毅然赴任，还在广东罢免贪官，决断冤狱，释放无辜，成绩斐然。由此可见，即使是在元朝后期，其监察官员中仍不乏廉洁文化形成与维系机制的维护者。

（六）明清：古典监察制度的严密、固化时期

明朝开国皇帝朱元璋出身社会底层，其曲折的人生经历，在一定程度上使他对其功臣集团和明初的富裕社会阶层产生了严重猜忌心理。为巩固自身统治，朱元璋实行重典治国，废除了丞相制度，极大地扩充了君权，使士大夫失去了真正意义上的首领和意见领袖，确立了有明一代的基本政治生态和制度框架。监察制度也因此变得异常细密、严厉。

洪武十五年（1382），朱元璋改御史台为都察院。洪武十七年（1384），

都察院被确立为正二品衙门，主掌纠察内外百官，考核官吏（与吏部共同完成），辨明冤案（大狱），提督各道（即考察管理赴地方监察的各道御史。明朝规定："凡御史犯罪，加三等，有赃从重论"[1]），并奉敕行使特殊职权等，拥有监察、弹劾及建议权。同时，都察院与刑部、大理寺并称三法司。遇有重大案件，由三法司会审，亦称"三司会审"。可见，明朝的重大司法活动也受到空前强有力的监察。明朝废除谏院，设立六科给事中，作为六部的独立监察机构。给事中和御史合称科道，或称台垣。尽管六科的掌印长官都给事中官阶仅为正七品，其下的若干给事中为从七品，但这一群体拥有强大而广泛的监察、弹劾权力。这种设计古已有之，旨在调动官员积极履职，以赢得君主信任，进而获得拔擢，而历史上中央专职监察官员，其地位和权力的差距之大，在明朝达到了顶峰。在雅文化相对萎靡的明朝初期，这种主要致力于调动官员作为廉政的基础属性以实现治理效果的做法，也符合当时的实际情况。

　　明朝的都察院设左右都御史、副都御史。其中右都御史多出任总督、巡抚等要员，不仅有广泛的管辖权，而且可以直接监察、弹劾所见、所了解的各类官员。都察院下设十三道监察御史，负责具体的监察工作。[2] 其职责包括：察纠内外百司的奸邪行为；谏诤君王；[3] 参与议定重大政事；进行内外监察，尤其是巡按、巡视各地；朝会纠仪和祭祀监礼；追问公事；参核刑狱。[4] 不过，监察御史虽为都御史下属，却可直接受命于皇帝，拥有独立纠举弹劾（包括弹劾都御史）的权力。明代还建立了御史出巡制度，出巡官员受命于皇帝，可兼管地方其他事务。

---

[1] （清）张廷玉等：《明史》卷七十三，北京：中华书局，1974年，第1769页。
[2] 十三道监察御史在都察院中是负责审计监督的官员。按照明朝制度，十三道监察御史共110人。监察御史对中央各部门实施全面、有效的审计监督。
[3] 在《大明会典》和《明史·职官志》中并无御史对天子谏诤的职责，不过有"凡政事得失，军民利病，皆得直言无避"（《明史》卷七十三）的授权。
[4] 详细内容参见张显清、林金树：《明代政治史》，桂林：广西师范大学出版社，2003年，第484—490页。

明朝的监察官员，包括都察院的十三道巡按御史、各省提刑按察司以及挂有都御史、副都御史职衔的督抚等。担任总督和巡抚的官员，权力比一般的巡按御史要大，拥有"便宜从事"的权力。战时，御史还可担任监军，随同出征。

明朝监察制度的一个重要创新是出台《宪纲》，其主要内容是对监察官员进行专门管理。在《大明会典》中，除了总体性的政典，一些重要部门还制定了专门的管理法规，其中专门适用于监察系统的《宪纲》便具有一定的代表性。洪武四年（1371），"御史台进拟《宪纲》四十条。上览之，亲加删定，诏刊行颁给"[1]。正统、嘉靖时期，《宪纲》又有所补充，形成了多个版本。就现存的正统本来看，除卷首附有皇帝要求都察院及其下属各道御史、在外按察司官员遵行的敕语外，剩下内容共计34条，可分为三类：明确宪臣职责、对风宪官员的管理规定及对相关衙门的禁止性规定。此外，在颁行时又附有"宪体"15条，对监察官的品格和言行举止提出了多项具体要求。结合《宪纲》及其附件内容来看，明初的监察活动覆盖了当时的一切政务；监察事体——即对监察官、监察程序本身的监察较为严密，目的是保证监察的严肃性和有效性；监察的根本目的是为皇权服务，《明史·职官志》明确定位监察机构就是"天子耳目风纪之司"[2]。

总之，明朝的监察制度在严密性、规范性、拱卫皇权等方面，达到了空前的高度。监察制度配合其他法律制度，对官员形成了强大的震慑力，只要制度在正常运转，就能明显达到使官员普遍"不敢腐"的效果，但究竟有多少官员从内心上达到了"不愿腐""不想腐"的自觉便难以判断了。从明朝诸帝实录来看，明朝前期不乏终身坚守清贫的官员，但这主要是源自他律（不敢腐）还是自律，尚难以得出明确结论。且明朝是中国历史上唯一将特务监察官员制度化并将其组织纳入国家机关的朝代。这种滥用特务进行监察的做法，总体上对

---

[1] 《明太祖实录》卷六十，红格钞本。
[2] （清）张廷玉等：《明史》卷七十三，北京：中华书局，1974年，第1768页。

廉洁文化的建设弊大于利。

清朝基本沿用明朝的监察制度，并在局部功能上有所强化。比如将六科给事中划归都察院，科道合一，减少了无谓的争吵。都御史由明朝的正二品升为从一品，所有官吏都在其监察范围之内。清朝还以皇帝的名义颁布了古代最完整的一部监察法典《钦定台规》。都御史与六部尚书、通政使、大理寺卿等参与朝廷重要决策。都察院下设十五道监察御史[①]（清末增至二十二道）——品级为从五品。较高的品秩不仅使得其监察活动的权威性得以增强，也减少了监察官员因品级过低可能产生的躁进心理，进而提升监察工作的主动积极性。此外，清朝继续允许"风闻言事"以防止监察遗漏，但为了防止监察官权力过大或形成诬告的不良风气，规定御史对百官的弹劾须经皇帝裁定才可生效。

此外，历代都曾不同程度地任用特务从事侦察、监控工作，但这种做法同时有损君王和朝廷形象，所以多数朝代都会限制其使用时间和范围。一些君主和官员的"微服私访"也是一种非常规的监察活动。

综上所述，中国古代监察制度作为廉洁文化形成和维系（主要是后者）机制的重要组成部分，积累了丰富的经验和教训。

二、中国古代监察制度的得与失

纵观中国历史，监察制度对于官德建设发挥了重大作用，成为廉洁文化形成与维系机制的重要保障。

宋朝建立初期，由于承袭了五代时期政治动荡所遗留的弊端而面临诸多问题。尽管如此，两宋依然展现出了顽强的生命力，在经济、文化、科技等诸多领域取得了辉煌成就，甚至在许多方面领先于世界。毋庸置疑，这些成就皆得益于其有效的政治治理。

[①] 十五道分别为江南道、山东道、京畿道、河南道、浙江道、山西道、陕西道、湖广道、江西道、福建道、广东道、广西道、四川道、云南道、贵州道。每道监察御史满汉各一人，从五品。参见《清史稿·职官二·都察院》。

宋代的廉洁文化建设内涵极为丰富。例如，宋朝皇帝普遍爱读书、亲近文人、重视皇家教育，加上佑文政治、转对制度的推行，皇室养成并保持了高雅的人文艺术修养和情趣。同时，皇帝对吏治民生、士大夫性情才华的深度了解，不仅最大限度地降低了宦官、后妃、外戚干政的可能性，还有效促进了君臣良性互动，君德与臣德互相砥砺；科举考试实行糊名制、誊录制，杜绝了人为因素对结果公平公正的破坏，所以宋代的政治凝聚力、向心力显著增强，国家选拔人才的整体水平显著提高，这一过程对廉洁文化的形成与维系起到了强有力的推动作用；宋代的监察制度设计在整体上有效削弱了威胁皇权因素的同时，还能够保持言路畅通，使不同政见得以充分表达与交流，君臣之间可以在较少猜忌和防范的状态下长期各自坚守道德、履行职责，所以政治生活不乏灵活性。

宋朝的监察体制也十分强大，尽管在党争和个别权臣操纵用人期间有所弱化，但总体上始终是廉洁文化建设的有力保障。宋代监察官权力和影响很大，他们积极弹劾官员，宰相以下的官员几乎都在其弹劾范围之内。只要有理有据，诸如"不学无术""多过失""奉使不法""不称职"等，都可成为弹劾理由。而且，宋代喜欢以"君子"（正人）"小人"论事，监察官常常严厉弹劾并要求严惩小人，同时尽力保护君子。但这一概念后来被滥用，成为党争时攻击对手的手段。

御史负责监督、弹劾那些失德、失职的官员，因而官员自身的德才修养至关重要。一些朝代之所以监察效果不佳，很大程度上是因为监察官自身的官德存在严重问题，以及朝廷缺乏有力度的激励政策。而宋朝，一方面，监察官从全天下的一流人才中选拔（标准是学问、才干、言行、口碑俱佳），另一方面，皇帝十分重视监察官的意见和建议。由于宋朝选才严格、赏罚有信，有效防止了监察官滥用监察权。皇帝依靠他们的努力，能够较为顺利地推行廉洁文化，维持朝廷官员的优胜劣汰机制。至少在北宋中前期，宋朝的监察制度在理论和实践中都发挥了积极作用。后来随着党争加剧，监察制度才逐渐走向异化。总体而言，两宋的监察制度及其实践为后世提供了宝贵的历史经验。

在历史上，也有一些帝王或朝代采用特殊手段实施监察，如重奖告密、特务政治等，这些做法对廉洁文化的形成与维系机制虽有一定积极作用，但更多是负面作用。这些做法违背了公正开明的政治理念和社会公序良俗，实际上是专制权力腐蚀下的政治与道德异化，不仅祸害当代，而且遗患后世。

历史上还有一些特殊案例，让今人在总结经验教训时感喟不已。例如隋文帝在整肃吏治、建设官德方面实施了颇具特色的政策，并付出了艰辛的努力。隋文帝从北周手中和平接管政权，后又通过战争统一天下，因此，隋朝官员的来源、出身、背景不可避免地存在着极大的差异。隋文帝希望迅速确立官德的底线，于是采取了一些具有个人特色但治标不治本的廉洁文化建设举措。如推崇节俭，以身作则；给流民、饥民让路，以此表达对百姓的怜悯；严惩受贿官员以震慑百官。隋文帝的这些做法有一定的积极意义，然而，他显然对如何在一个经历了数百年分裂战乱、刚刚实现统一、官员士大夫背景复杂的国家内构建廉洁文化，缺乏系统思考和长远谋划，缺乏足够的历史眼光、政治耐心和定力，尤其在识人、用人方面判断能力不足。杨广继位后大施暴政、滥用民力，隋朝迅速崩溃，隋文帝在廉洁文化建设上所做的一切也都付诸东流。由此可见，历史上廉洁文化建设的成败，首先取决于君主的个人修养水平，推而论之，几代君主治国理政思想的连续性、稳定性也至关重要。在这方面，隋朝给我们留下了深刻的教训。

明朝对官员的监察是古代政治中的一个极端案例，其特点是形成了独立监察体系空前强大，公开运用特务政治，以及鼓励百姓检举、告密甚至扭送官员进京的"三位一体"机制。这种机制在短期内对整治官德（目标基本限于令官员"不敢腐"）成效明显，但也存在着诸多弊端。尤其是特务政治在洪武年间被广泛运用并得到了强化，后来伴随君主素质——特别是君德的下降，国家整体治理及廉洁文化建设的局面变得越发复杂。特务政治与宦官干政的恶性结合，成为周期性破坏明朝廉洁文化建设所需的基本政治生态的毒瘤。此外，明朝鼓励告密的行为不利于形成官德的社会基础——即基于仁爱、信任和礼乐的官民关系。事实上，这样的社会生态对廉洁文化形成与维系机制的构建是弊大于利的。不仅如此,特务政治和鼓励告密又对后世统治者形成了不良示范。

总而言之,历史的经验教训告诉我们,从维持廉洁文化的健康生态需求看,必须依靠国家完备的制度、健全的机构及有力的赏罚机制,来充分发挥监察制度的作用。

第四节　考　绩

考绩,是指按照一定的标准和程序,定期或不定期对官员的工作表现进行考核,以评判其优劣,并作为奖惩、升降依据的活动。廉洁虽然不是考绩的全部,却是其中具有"一票否决"性质的关键指标之一,且在很大程度上影响着官员其他方面的业绩考核。古人对考绩的价值和功能进行了深刻的论述。例如,董仲舒在《春秋繁露》中系统阐述了官员考绩的重要性及赏罚的意义:

> 考绩之法,考其所积也。天道积聚众精以为光;圣人积聚众善以为功;故日月之明,非一精之光也;圣人致太平,非一善之功也。明所从生,不可为源,善所从出,不可为端,量势立权,因事制义。故圣人之为天下兴利也,其犹春气之生草也,各因其生小大,而量其多少;其为天下除害也,若川渎之写于海也,各顺其势倾侧,而制于南北;故异孔而同归,殊施而钧德,其趣于兴利除害,一也。是以兴利之要,在于致之,不在于多少;除害之要,在于去之,不在于南北。考绩黜陟,计事除废,有益者谓之公,无益者谓之烦,揽名责实,不得虚言,有功者赏,有罪者罚,功盛者赏显,罪多者罚重,不能致功,虽有贤名,不予之赏,官职不废,虽有愚名,不加之罚,赏罚用于实,不用于名,贤愚在于质,不在于文,故是非不能混,喜怒不能倾,奸轨不能弄,万物各得其冥,则百官劝

职，争进其功。[①]

考绩的功能在于推动官员积极兴利除害，同时确保赏罚的公正有效，所以必须坚持"循名责实"的原则，杜绝虚言，并严格根据其功过予以相应的赏罚。只有这样，才能形成百官勤勉履职、积极建功立业的局面，从而推动官员队伍的优胜劣汰。考绩制度在历代均有探索与实践，积累了丰富的经验与教训。

一、中国古代官员考绩制度的演变

据《尚书·舜典》记载，至迟在虞舜时期就已出现了官员考绩制度。所谓"三载考绩，三考，黜陟幽明，庶绩咸熙"，即每三年对官员的履职表现进行一次考核，经过三次考核（共九年）后，根据结果决定官员的奖惩与升降。事实上，《尚书·舜典》所记载的这种考绩制度应与青铜文明早期以农耕经济为主、社会变化相对缓慢的历史背景密切相关，也跟当时的制度草创还不完善有关。

根据史书和甲骨文记载分析，商代已形成了较为完整的官制体系。商朝的官员考绩通常每三年进行一次，主要考核官员在政务、管理、法纪三个方面的表现，表现优异者可晋升；对于违法犯罪的官员，商朝设立了专门的刑狱官，依据官刑对违法犯罪官员予以惩戒。

西周时期，制礼作乐，其制度、观念对后世影响深远。其中，考绩制度主要包括天子巡狩（即亲临地方视察、考核）、诸侯述职和大比（即对官员德行与能力的全面考核）。刘向《说苑》记载，天子每五年对诸侯治理情况进行一次考核。对于治理不善者，依次采取降爵、削地等措施，更甚者包括动用六师讨伐。相反，对于治理优异者，则给予"益其地"等赏赐。考核内容涵盖祭祀、民风、经济、教化、民生等方面，尤其重视诸侯是否按规定定期朝见天子

[①] （汉）董仲舒撰，（清）凌曙注：《春秋繁露》卷七，北京：中华书局，1975年，第221—224页。

并履行义务。对于未按规定朝见的诸侯，第一次予以降爵处罚，第二次则削其封地，第三次便直接兴师问罪。天子于二月、五月、八月、十一月分别进行东巡狩、南巡狩、西巡狩、北巡狩，抵达四岳举行祭天仪式，望祀山川，会见诸侯，实现天下按照既定礼乐刑政的规范有序治理的目标。[1]

《周礼》记载，"八法治官府""六计课群吏"[2]，可见，组织机构、官员个人都是考核的对象。组织机构作为廉洁文化形成与维系的重要依托，对其进行分类与专门考核，具有深远意义，由此也可看出西周政治制度的先进性。

春秋战国时期，社会剧烈变革，各国之间包括战争在内的各种竞争异常激烈，"霸道"思想盛行，各国高度重视实际政绩的考核，并将其作为赏罚的主要依据。春秋时期，对官吏的考核制度大致可分为年终"会政致事"和"三年大比"两种形式。考核内容可能是"平教治，正政事，考夫屋及其众寡、六畜、兵器"[3]，同时也涉及稼穑、政令、戒禁、狱讼等行政管理的效率与规范，以及鉴别官吏贤愚等。战国时期，各国在考核制度上进一步探索，总体朝着更加注重事功、考核手段和形式趋于灵活化的方向发展。战国后期，形成了以秦国为代表的，以忠君为核心官德，崇尚事功，注重数据化和结果的考绩制度。其主要内容有"上计制度""法官法吏制度"和"为吏之道"等。"上计制度"是指国家通过预算和决算的方式考核地方官吏，以满足富国强兵和积累、利用战争资源的需要。这可以说是一种早期数据化、精细化的管理方式。"法官法吏制度"旨在确保"吏不敢非法遇民"和"民不敢犯法"，实际上是增强了官员和民众敬畏并遵守法律的意识。这些考绩制度具有较强的专业性和针对性，重点培养官员恪尽职守的态度、专业精神和精细化管理能力，以使其效忠君王及其政权。同时，能够及时淘汰不称职的庸官，从而促进行政管理效能的提高。最终，秦国凭借其高效的行政体系和强大的军事力量，成为列国中最具竞

---

[1] （汉）刘向撰，向宗鲁校证：《说苑校证》卷十九，北京：中华书局，1987年，第488页。
[2] 所谓六计，即《周礼》的"六廉"：廉善、廉能、廉敬、廉正、廉法、廉辩。
[3] （汉）郑玄注，（唐）贾公彦疏：《周礼注疏》卷十一，北京：北京大学出版社，1999年，第286页。

争力的国家,统一了六国。

汉承秦制,并在其基础上取得了进一步的发展。西汉时期对官吏的考课,主要采用"上计制度"和"选举考课合二为一"的"仕进制度"。总体来看,在"罢黜百家、独尊儒术"以后,儒家纲常成为官员考核的重要内容,但两汉时期国家面临的内外矛盾此起彼伏,所以事功也受到了相当重视。此外,基于王道、仁政等理念的官德治理还看重"清议"的监督作用,"霸王道杂之"的治国策略使汉朝在廉洁文化建设中理念倡导与实际成效并重,考绩对廉洁文化的推动作用较为明显。

魏晋时期,政治动荡频繁,考绩制度改为由皇帝不定期地下诏考课百司,整体创新较少。南北朝期间,东晋的考绩与官员任期相结合,以三年为"小满",六年为"秩满"。但在门阀士族世袭垄断政权、学术的情况下,考绩制度普遍流于形式。相较而言,北朝后期在考绩制度上有所建树。北魏孝文帝改革,将整顿吏治、推动汉化作为重要内容。西魏与北周则更是秉持"置臣得贤则治,失贤则乱"的理念,推行"不限资荫"的用人改革,以"清身心、敦教化、尽地利、擢贤民、恤狱讼、均赋役"六条为官员素质的考核标准,还强调对各级官员要"任而试之,考而察之。起于居家,至于乡党,访其所以,观其所由"[①],即要注重考察官员一贯的品格操守和舆论评价。由此可见,这一时期,官德考核回归儒家的思想理念,强调官员的道德操守和社会声誉。北周最终战胜北齐和隋朝统一中国,也与其廉洁文化形成与维系机制在改革创新方面优于其他政权有关。

唐代深刻吸取了隋朝短命而亡的历史教训,充分发挥均田制、三省六部制和府兵制的活力,同时进一步完善科举制,使政治、经济、文化以及疆域都获得了空前的发展。数代君主率领贤能,励精图治,推动官吏考绩制度走向完备,其特点主要体现在考绩机构的制度化、考绩标准的相对精确化、考绩方式的程序化,以及统治集团对考绩结果的重视和灵活运用等方面。唐朝官吏系统

---

① (唐)令狐德棻等:《周书》卷二十三,北京:中华书局,1971年,第388页。

考绩体制的完善程度，堪称古代中国之最。其发明的考绩标准"四善"①和"二十七最"②影响深远。

唐朝对官员在德才方面的要求，既有共性的，也有对不同职位、不同官员的专门要求，且标准简洁明了，便于理解和执行，堪称当时世界上最先进的官员履职考核体系之一。正如钱穆先生所言：

> 然唐之考课，尚为后世称美。其法有四善（以著其德行）、二十七最（以著其术数），相为乘除而分九等。上者加阶，次进禄，下夺禄，又下解任。③

唐朝考课不仅有专门的机构官员与法规，而且经常由宰相亲自负责。在政治生态比较稳定的时期，考绩结果能够做到名实相符，因而唐代的一些贤臣即使对选举用人中的某些弊端表现出不满甚至批评，对考绩制度本身也并无异议。

宋朝善于合理利用前代典章制度遗产。宋代的考核标准基本上沿用了唐朝的"四善"和"二十七最"，但在机构设置和权力分配上有所变化。较能体现宋朝官吏考绩制度特点的，一是考课法，二是磨勘法④。由于宋代高度佑文，形成了良好的政治氛围。因治官政策相对宽松，科举制度通过糊名、誊录制度的创立进一步做到了公平公正，因此宋代官吏考绩制度并不严苛（但宋代强有力的监察体系弥补了部分缺陷，详见本章第一节），官员基本可以论资排辈晋升，即使因考核受到制裁的官员，也多有东山再起的机会。这种情形利弊参半。一方面，它维持了佑文的政治生态，包容了各类人才，形成"君待臣以礼，臣事君以忠"的君臣良性互动。因此，宋代大量通过科举入仕的普通士大

---

① 《大唐六典》卷二，享保九年近卫家熙刻本。
② 《大唐六典》卷二，享保九年近卫家熙刻本。
③ 钱穆：《国史大纲》，北京：商务印书馆，2010年，第437页。
④ 磨勘制度在唐朝后期就出现了，宋朝加以完善并一直沿用至宋末。在宋人的眼中，磨勘往往与考课混称。参见邓小南：《北宋文官磨勘制度初探》，《历史研究》，1986年第6期。

夫对宋王朝特别感恩戴德，高级士大夫则普遍具有强烈的家国情怀和天下主人翁意识。磨勘制度主要依据资历迁转，有效减少了因人因事变动而引发的明争暗斗、暗箱操作和向特权人物行贿等弊端，统治阶级内部的关系更加和谐。另一方面，这种制度也使部分基础素质不高的官员因循守旧，不求有功但求无过，满足于到期升迁，这也是造成宋代"冗官"现象的原因之一。两相比较，笔者认为，宋代的政治生态是相对适合这种带有明显论资排辈性质的官员考绩制度的。或者说，这个制度若放在其他朝代，弊端会严重得多，而在宋代，其优势得到了最大限度发挥，弊端则被降至最低。这正是历史多样性和丰富性在官员考绩制度上的体现。

元代的政治管理虽较为混乱，但在宏观层面，除了创立行省制度，还实现了对所有官吏考满时限和升迁路线等事务的统一规定。这在中国古代政治史上具有开创性意义，表明官吏考绩制度在摸索中有所进步。不过，此举对于廉洁文化维系机制的具体影响还有待进一步考察和论证。

明朝治官严厉，考绩规制繁密。洪武年间，制定了百官考绩之法，分为考满与考察两种，二者相辅相成，均由吏部与都察院共同负责，并以"八法"为衡量标准。处罚分为致仕、降调、闲住、为民四等。明前期，考绩制度得以较严格地实行，并显著发挥了奖优罚劣、奖勤罚懒的作用。但明中叶以后，伴随君王的怠政、内阁的倾轧、宦官的干政，以及士大夫的党争，除张居正改革时期外，考绩制度逐渐流于形式，效果大为衰减。

清朝基本上沿袭了明朝的考绩制度，并将其简化为京察、大计两项。考绩标准为"四格""八法"。所谓"四格"，即守（操守）、政（政绩）、才（才能）、年（年资）；所谓"八法"，系指贪、酷、罢软无力、不谨、年老、有疾、浮躁、才力不及，比明代更加简明、清晰。总体上看，清代帝王素质较为稳定，所以前期官员考绩的成效明显，至嘉庆以后考绩效果逐渐下降，但这个过程较为缓慢。即使国家机器出现严重腐败，清朝廉洁文化形成与维系机制的运转也未曾像元朝、明朝后期那样几近停滞，而是始终在运转，并取得了一定成效。

总而言之，在改朝换代的动荡中，新的王朝往往由一批精英群体建立，他们重视通过考核来维护廉洁文化、提高官员的综合素养，尽可能久地延续王朝统治，但他们后代的危机意识和希望通过"三立"留名青史的进取意识，在和平年代却逐渐淡化。在专制与人治结合的庞大国家体系中，政治生态不可避免地逐渐滋生惰性，并积累了大量消极因素与安于现状的群体。国家或"天下"面临的新问题和挑战不断出现，其中一些问题逐渐演变为疑难杂症。随着众多负面因素、疑难杂症的堆积，最终可能导致形成"不治之症"。

官员的考绩制度是缓解乃至解决这些问题的重要手段，但当其掌控者和决策者普遍丧失公正、负责地考核官员的意志和动力后，或者当他们自身也成为考核对象并感到利益受损时，这一廉洁文化形成与维系机制中的重要组成部分便逐渐失去活力，甚至流于形式。这正是中国古代官员考核史上，历朝历代都难以摆脱重复相同效果升降曲线的原因所在。

自先秦以来，官员考核的共性在于"德"与"才"结合，既考察官员的道德表率作用，也注重其政绩与事功。至于考核的宽严、侧重点以及变革，各个朝代都有自己的探索，很难简单、笼统地断言哪一个朝代的制度最优或最劣。值得关注的是，自宋代以后，资历考核被补充进来，最终形成了大部分时间里以德、绩为主，年资为重要补充的考核特点。笔者认为，这种制度设计在"诸害相权取其轻"的原则下，为符合中国国情的考核制度的有效延续提供了一个平衡点。如果说仅仅在德才（或德绩）两点之间寻求平衡，那这个平衡无疑不如加入年资因素后形成的三点平衡更为稳固：年资因素体现了形式公平，减少了诸多矛盾及管理成本，体现了敬老传统；能充分发挥年长者的智慧，同时减少大人物滥用权力和小人钻营的空间。甚至像唐、宋后期循资历升迁逐渐固化和明代孙丕扬创"掣签法"以抽签决定官职、杜绝权贵请谒之弊的做法，也很难说不是中国古代在"诸害相权取其轻"原则下的一种"保守疗法"的结果。古代中国，包括治官在内的许多事业，随着政治生态的恶化、疑难杂症的积累，往往面临选择面越来越窄、越来越无可奈何的局面，但我们的祖先从来没有放弃上下求索，其许多经验和教训均值得我们认真总结与反思。

二、中国古代官员考绩制度的反思

考绩标准及其执行方式，在一定程度上是士大夫道德风尚变化的指挥棒。但士大夫的道德风尚并非只是被动地接受指挥、引领，而是始终与考绩制度处于互动之中。这主要是因为古代廉洁文化有自身内在的运行规律，并且考绩者和被考绩者的角色会随时空的变化而发生转换，甚至可能互相调换位置。基于这种背景，若考绩始终趋严，对所有士大夫都将是不利的，考绩制度也会因此逐步流于形式，甚至沦为政治斗争的工具。比较各统一王朝在考绩和监察力量式微后士大夫的表现，可以发现不同朝代的特点：汉代士大夫阶层以经学装点自己并逐渐贵族化；唐代士大夫以出身（包括门第及科举背景）和文才相互炫耀、相互鄙视（韩愈曾感叹唐朝"文人相轻"，唐朝党争亦因此臭名昭著）；宋代，有身价、声望的士大夫则表现出严重的情绪化的争议；明朝中后期则是士大夫的普遍虚伪；清朝是士大夫的"难得糊涂"、沉瀣一气。

以明朝为例，其官德演变的整体状况在历朝历代中较为典型。笔者认为，嘉靖重用严嵩之前，明朝的教育、科举为官员灌输的伦理道德与其进入官场以后的实际行事规则比较吻合，所以不管是考绩者还是被考绩者，品德正直的官员都可以应对自如。嘉靖重用严嵩之后，昏君、弄权的宦官、奸臣（如严嵩）使政治生态不断恶化，官场上潜规则盛行，士大夫们面临是否还要坚持以及如何坚持自幼接受的"五常"和忠孝廉耻等道德观念的问题。尤其是当君王意志莫测、政治形势阴晴不定的时候，考绩、监察的到来对所有官员都形成了巨大考验。这时，良知、品德尚存的官员会感到异常痛苦，除了选择离开官场，便只能逐步随波逐流，虚伪之风盛行。

又比如，朝廷在考绩官员时，是侧重事功还是侧重教化，或是寻求两者的平衡，都会产生不同的效果。明初朝廷除了推行轻徭薄赋、休养生息的政策，还在考核官员时注重其在教化、民生、风俗、治安等方面的表现，从而形成了官员恪尽职守、以身作则的局面，出现了"多励长者行，以循良见称"①的和谐景象。但自武宗正德年间以后，国家政治、经济、军事、民生等问题丛生，贫富差距加剧，国家在各方面尤其是财税征收方面陷入困境。于是，官员在赋税催科方面的表现逐渐成为最重要的考核标准，朝廷的处罚手段有停俸、巡按逮问、降职、免职等，最终形成"考选将及，先核税粮，不问抚字，专于催科"②的局面，甚至出现"府县印官给由，皆行户部，比较任内完欠，遂使牧民者唯鞭笞赤子为务"③的现象。这些明末官员考绩标准的巨大改变以及层层高压态势的形成，折射出廉洁文化维系机制难以正常运转的亡国表征。

此处我们需要讨论一个问题：从"义"与"利"之辩看廉洁文化与考绩。事实上，儒家文化中"正其谊不谋其利，明其道不计其功"的观念，是一般情况下（国家机器尚能自主、正常运转，主要功能没有失调）人治社会士大夫的普遍价值取向。也就是说，道义的实现本身就是最大的功与利——同心同德、休戚与共的情感与共识的保持，可以支撑人们一起度过各种危机，实现社会长治久安。这种精神层面的"功"与"利"因具有公共属性，所以至高无上。但这只是问题的一个方面，物质利益层面的"功"与"利"也必须兼顾，其实现需要专门的技术与方法，并非只注重"谊"与"道"就能自动实现，也不能总是将"义"与"利"对立起来。不过，在国家和社会疑难杂症（突出体现为价值观错乱或服务于既得利益群体）已经形成的时期，历史上强调"利"与"功"者，即使是出于公心主张国家通过改革增加收入、走出财政困境的人，几乎都面临以下廉洁文化认知困境：一是"君子喻于义，小人喻于利"的自动

---

① （清）张廷玉等：《明史》卷二百八十一，北京：中华书局，1974年，第7198—7199页。
② （清）谷应泰：《明史纪事本末》卷七十二，北京：中华书局，1977年，第1182页。
③ （清）王夫之：《噩梦》。转引自张显清、林金树：《明代政治史》，桂林：广西师范大学出版社，2003年，第634页。

人格影射；二是看似违背"藏富于民"的民本主义；三是难逃被视为"与民争利"的指责——最典型的例子是王安石变法和张居正改革期间发生的争论。如果再加上改革阵营中混入了浑水摸鱼、借机中饱私囊的人（而这几乎是不可避免的），便会授人以柄，改革者的政治伦理和个人为官为人的品性便难以摆脱各种质疑。这是深入历史与当事人的内心，审视历史上一些特殊时期官员在考绩时所获结果优劣所不能忽略的问题。

以众多官员和事务为对象的考绩，无论制度多么严密，永远不可能完全公平公正，这一点古今中外并无差别。在中国古代史上，明代的考绩十分繁密，具有较高的典型意义。

张显清、林金树指出：

> 明代官员的考核制度是由考满和考察两大系统组成的，并且与监察制度极其紧密地结合在一起……可以说，明代官员考核之严格和繁复，在两千余年的官僚制度史上达到登峰造极的地步。[①]

严格与繁复达到登峰造极，是否就能始终取得最佳效果呢？过犹不及，任何事情都只能根据具体情况，在合理的范围、区间与程度上运行，方能取得相对最佳的效果。政治治理与廉洁文化维护涉及千头万绪，治理者与被治理者都是活生生且各不相同的个体，只有相对较好的状态可以追求，而没有必然最佳的状态可以实现。因此，明朝这种以严苛繁复为特征的考绩，既是对历朝历史经验教训的系统总结，也是对元朝廉洁文化建设教训的矫枉过正。其利与弊必然因帝王与社会阶段的不同而呈现出不同结果，也很难简单笼统地褒贬之。

[①] 张显清、林金树：《明代政治史》，桂林：广西师范大学出版社，2003年，第551页。

第五节　古代教育对廉洁文化的影响

教育对于中华民族而言，不论在家庭、社会还是国家层面，从来都是极为重要的大事。为此，古代中国拥有代代薪火相传的一流教育思想与实践，而教育在廉洁文化的形成与维系机制运转中所发挥的基础功能与作用，自然无与伦比。

中国古代的教育主要分为学校、社会和家庭三大类型，它们的核心功能之一便是培养廉洁奉公的品格，所以古代教育不断为廉洁文化的形成与发展注入动力。

一、学校教育

在孔夫子创办私学以前，官办教育规模有限，通常只有贵族子弟才能够接受教育。由于爵位和官位被贵族垄断，教学内容以"六艺"（礼、乐、射、御、书、数）为主，当时教育的本质是对贵族生活方式和交往礼仪的培养，使之区别于庶人和野人。通过学校进行统一、高标准的道德培养，尚未成为当时学校教育的主要内容。春秋战国时期，周天子及其朝廷式微，世卿世禄逐渐瓦解，礼崩乐坏，社会秩序混乱，"学"从庙堂走向民间。各国被迫寻求自强，盘活自己的人力资源，社会各阶层都需要接受道德、知识及技能的训练，以在竞争中求得生存与发展。掌握"学"的"士"阶层因此活跃起来，学术和教育资源突破旧秩序的束缚，走向民间。从此，官员廉洁奉公的内涵及其建构与维系机制，随着民间诸子的著书立说和聚徒讲学而逐渐发生变化。从百家争鸣、法家在秦国和秦朝的独尊，到汉初的黄老无为而治，再到汉武帝"罢黜百家，独尊儒术"，与廉洁文化相关的学校教育逐渐发展。西汉在长安设立太学，文翁在成都兴办地方官学,同时其他形式多样的私学和私塾教育也逐步兴起并推广廉洁文化。与汉代的举荐制度相结合,儒家纲常逐渐成为社会核心价值观和选任人才的标准,决定了两汉、唐、宋、明、清等朝代通过学校教育主阵地形成和维系廉洁文化。

(一)官学

官学是由各级政府举办的学校,其办学目的是对外体现尊师重教,对内传播国家核心价值观,传承修身养性、与国计民生相关的学问,培养道德、知识、才干兼备的优秀士子,使他们通过举荐或科举考试取得功名,具备为官资格。其中,汉朝建立的最高学府太学(后称国子监)尤为重要。最早系统论述太学重要性的是被誉为"汉代孔子"的董仲舒。《汉书》记载了他给汉武帝上书中的论述:

> 陛下亲耕藉田以为农先,夙寤晨兴,忧劳万民,思惟往古,而务以求贤,此亦尧舜之用心也,然而未云获者,士素不厉也。夫不素养士而欲求贤,譬犹不琢玉而求文采也。故养士之大者,莫大乎太学;太学者,贤士之所关也,教化之本原也。今以一郡一国之众,对亡应书者,是王道往往而绝也。臣愿陛下兴太学,置明师,以养天下之士,数考问以尽其材,则英俊宜可得矣。今之郡守、县令,民之师帅,所使承流而宣化也……①

董仲舒指出,汉朝之前有暴秦因迷信严刑峻法而短命灭亡,大乱之后虽休养生息,但教化未兴,导致人才匮乏,甚至某些郡国无人能够回应皇帝的治国关切,而培养人才最重要的平台和机构,只能是国家兴办的最高学府太学。对太学生应精心培养和考核,以尽其才,这样就能获得国家所急需的治国人才。作

---

① (汉)班固:《汉书》卷五十六,北京:中华书局,1962年,第2512页。

为"罢黜百家，独尊儒术"的一部分，董仲舒的主张被采纳并产生了深远影响。两汉太学在滋养官德、培养人才、弘扬学术、支撑"清议"等方面发挥了不可替代的作用。同时，董仲舒提出的太学办学理念，也为历代太学所传承并发扬光大。

太学作为两汉时的全国最高学府，在确立和维护儒家学说的意识形态主导地位、培育作为官员选拔对象的人才、彰显国家与君王尊师重教方面，发挥了无与伦比的作用。而且由于民间俊秀也可以入太学深造，在很大程度上体现了社会的公平正义。从汉武帝到西汉末年，太学博士弟子从五十人增至万人（东汉末年达到三万人），国家不惜投入大量资源配置师资、扩充校舍，其规模和气象非同时代的其他任何学校可比拟。

古代的地方官学虽然在政治和意识形态上的自由性、灵活性不如私学和书院，但只要地方主官是道德、学问的楷模，且尊师重教，所聘名师德高望重，擅长教育、教化，仍能对官府、学子和百姓产生充分的积极影响，在广泛的社会层面弘扬国家与社会的核心价值，涵养官德，移风易俗。

以历史上最早的地方官学——西汉文翁在蜀郡成都创办的石室学宫为例。据史料记载，文翁是庐江舒（今安徽庐江西南）人，位列《汉书·循吏传》之首。蜀地在秦灭巴蜀前拥有独特而灿烂的文化。公元前316年，秦灭蜀，随后大举移民入蜀，其制度和文化也随之传入，史称"染秦化"。但秦文化并不重视文教，而是主要依靠法家的严刑峻法治理蜀地。尽管有张若筑城、李冰治水等善举，但秦政权整体上未能真正赢得蜀地民众的认同。汉初休养生息，文教仍未受到普遍重视。景帝末年，文翁到蜀地时发现当地文化教育落后，于是立志移风易俗。他节省官府开支，选派郡县小吏中聪慧有才者如张叔等十余人到长安跟随朝廷博士学习儒家经典或律令。这些人回蜀地后被量才录用，成为地方官学的重要师资。随后，他在成都创办了中国历史上第一所地方官学，招收青年才俊，免除其徭役，主要教授儒家学说。学成后，优秀的可以担任郡县官吏。官府还为在校生提供实习机会。由此，蜀人争相入学，富人甚至为获得入学资格而出资。蜀人的价值观和蜀地民风大为改善，到京师求学的人数与齐鲁地区相当。文翁在蜀地兴办官学的成功经验逐渐被其他地方官员效仿,到汉武帝时期,地方官学建设在全国范围内得到进一步推广。

又如,宋朝的优秀士大夫亦普遍重视官学建设,并留下了丰富的思考和总结。例如,程颐积极建言,阐释官学教育的宗旨与理想,尤其强调选拔和任用优秀师资的重要性,并指出这些师资应具备卓越的素养。他主张教育应按照不同层次循序渐进,核心在于通过择善修身培养人才,最终实现教化天下的目标。他还提出了官学学生的选拔标准,即强调道德表现与学业成绩并重,以培养合格的官员后备人才。程颐的这些见解,成为官学教育思想的重要组成部分。

宋代地方官学的典范是成都府学,其发展得益于前后蜀时期发达的文教基础(包括"蜀学三宝"——周公礼殿、文翁石室、孟蜀石经),受惠于高度佑文的基本国策,以及朝廷在平息王小波李顺起义后治蜀政策的更弦易辙(尤其是选派德才兼备的士大夫担任蜀地长官),借力于庆历、熙宁和崇宁三次兴学。两宋时期,成都地方官学在一流行政主官的持续重视和引领下,校舍、师资和图书资料不断扩充和优化,成为当时全国学术和教育的重要中心。蜀中名士、著名学者李石担任成都府学教授期间,成都府学达到鼎盛,生徒员额增至八百多名,甚至东南一带士子也慕名而来,造就了"蜀学之盛,古今鲜俪"的佳话。成都府学不仅培养了近千名进士,还对蜀地的学风、文风和世风产生了深远影响,为廉洁文化的形成和维系提供了重要保障。

再如,明代的曹端是著名的学者和理学家。他深受宋儒尤其是程朱理学的影响,品行端庄、知行合一。曹端任霍州学正十六年,以其道德、学问深受官府、民间和学子的爱戴。在明朝俸禄微薄的制度下,曹端终身清贫,甚至死后因家贫无法归葬家乡,只能安葬于霍州。他的两个儿子在其墓旁守丧,去世后也葬于父亲墓旁。曹端是孔子"忧道不忧贫"传统的模范践行者。他在知府郭晟请教为政之道时说:"其公廉乎?公,则民不敢谩;廉,则吏不敢欺。"[①] 这

[①] (清)张廷玉等撰:《明史》卷二百八十二,北京:中华书局,1974年,第7238页。

句话成为廉洁文化史上的至理名言。明末清初的洪应明在其著作《菜根谭》中以"公生明,廉生威"的论断传承和概括了曹端的思想。"公廉"二字因此成为后世官箴的重要内容。

古代官学对道德教育的重视还能从其建筑形制上看出来。通常,古代官学采用"庙学一体"的格局,即孔庙与学宫相结合。常见的布局是左为孔庙,右为明伦堂。大多数官办学校和有实力的书院都设有明伦堂,明伦堂的存在和相关活动体现了官学对道德教育的推崇,也推动了古代廉洁文化形成与维系机制的发展。

总体而言,官学在廉洁文化形成中占据重要地位,其德才培养具有系统性、完整性、统一性,但也存在人才个性被压抑、培养方式单一(受科举考试僵化形式影响)的问题。此外,官学提供的人才数量、类型也经常不能满足国家、社会和家庭的需要,成为历史上政治家、教育家关注的焦点。古代中国的官办教育以培养人才和选拔官员为首要目标,虽然有尊师重教的传统和价值观支撑,但在实践中面临诸多限制:整体教育资源有限且分布极不均衡,优秀教师有限,国家劳动力及教育经费有限,以及真正视教育为国家、地方治理的长远大计和头等大事的官员有限等。因此,士子如何取得学籍、在校学生数量如何控制,成为必须面对的问题。事实证明,教育有其规律,培养德才兼备的学子需要教师素质、学生素质和办学条件的良性结合。

(二)书院

古代,书院遍布华夏大地,体现了"富之、教之"的仁政理念和尊师重教的价值观。书院在一定程度上弥补了官办学校的不足,践行"大学之道,在明明德,在亲民,在止于至善"的宗旨,同时保持了较高的学术自由,尊重并培养士子的个性,培养其在科举考试、学术研究和经世济民方面的能力。

古代书院众多,规模与影响各异,下文以岳麓书院为例来展现书院在古代教育史上的特殊地位。

北宋初年,基于多种原因,朝廷虽然重视科举,但兴办官学的行动却比较滞后。面对大量士子渴望优质教育，国家、社会也需要更多德才兼备的人才的现实需求，许多官员士大夫通过自身努力，联络志同道合者创办书院以解决这一难题。萌芽于唐末五代的民间书院在宽松的文化环境中应运而生，岳麓书院便是其中的一个成功范例。

开宝六年（973），湖湘文化先驱朱洞出任潭州太守，有识之士建议在长沙创办书院。在刘鳌的倡议下，朱洞将僧人创办的学舍改造为岳麓书院。岳麓书院虽非官办，但一开始就得到一些开明官员的积极支持。此后，书院历经波折，多次重兴，多由地方在位的贤士大夫主持。咸平二年（999），潭州太守李允则扩建书院，并上奏朝廷请求支持，最终得到了国子监的诸多典籍。书院学生定员六十，不敷需求，李允则又创办了湘西书院以作弥补。此时，岳麓书院讲学、藏书、供祀三大功能齐备。供祀对象包括孔子及其儒门圣贤，还供祀学术大师、有功于书院的乡绅名宦，以及可供学习仿效的忠臣、学者。这样，书院的祭祀就发展成为推崇学统、标榜学派，以及对学生进行道德、礼义教育的一种重要形式。王禹偁在《潭州岳麓山书院记》中写道："使里人有必葺之志，学者无将落之忧。谁谓潇湘？兹为洙泗。谁谓荆蛮？兹为邹鲁。"[①]可见岳麓书院的重要作用。

朱汉民先生指出了张栻主持岳麓书院时，给书院带来的三大变化：（1）教育宗旨的转变——他旗帜鲜明地反对以应付科举考试为目的，反对以汉唐的传注经学为教学内容，主张"成就人才，以传道而济斯民也"；（2）教学方法的转变——北宋时期主要围绕应付科举考试，传习传注经学和文辞章句，这种呆板而单一的教学方法，在张栻主持以后转向传道、授业、解惑为主；（3）书院除了教育，还增加了学术研究、发明创新功能。

同时代的朱熹、陆九渊、吕祖谦分别在白鹿洞书院、象山书院、丽泽书院进行改革，与张栻在岳麓书院的作为类似。这些士大夫热情投身于书院教育，致力于弥补官办教育的不足，培养士子们的道德品质和经世济民的智慧。

[①] 朱汉民：《岳麓书院》，长沙：湖南大学出版社，2011年，第9—10页。

优秀书院除教学外，还通过庄重的祭祀活动进行道德和人格熏陶。岳麓书院的祭祀包括文庙祭祀孔子及儒家群贤、濂溪祠祭祀周敦颐、四箴亭祭祀二程、崇道祠祭祀张栻和朱熹、六君子堂祭祀朱洞等有功之士、船山祠祭祀王夫之、慎斋祠祭祀山长罗典、屈子祠祭祀屈原、文昌阁祭祀文昌帝君。这些活动的作用在于树立模范，以达到劝戒规勉、使学生见贤思齐的目的。通过隆重庄严的祭祀活动，师生不仅增强了对先贤道德情操魅力的认同与趋附，树立了自信和社会责任感，而且在各个层面上都可以找到立身处世、为官为人的榜样。

儒家思想积极回应时代挑战，在宋代发展为以二程、朱熹为代表的理学，朱熹是其集大成者。理学兼容并蓄，综合儒释道思想，以哲学化的方式解决了三者间的紧张关系，并且为南宋至元明清的主流意识形态和廉洁文化的形成与维系机制提供了新的活水之源。而在理学建构过程中，由于宋朝佑文政策的支持，书院成为不同学派自由讲学、切磋辩难的阵地，极大发挥了德育功能。朱熹兴学岳麓、白鹿洞期间，留下的教条——"五教之目、为学之序、修身之要、处事之要、接物之要"，成为学校教育中官德培养系统化的典范，影响远及韩国、日本。

书院教育相对超脱功名，德才并重，培养了一大批优秀的士大夫，如岳麓书院培养出的彭龟年、吴猎、王夫之、陶澍、贺长龄、严如煜、魏源、曾国藩、左宗棠、郭嵩焘、胡林翼、刘长佑、刘坤一、唐才常等杰出人物，充分证明了书院在官德形成与维系中的重要作用。

还有一点需要补充：古代学校（包括官学和书院）在道德、人格教育和雅文化气质培养中，注重环境育人，如岳麓书院，其赫曦台、杉庵、文泉、麓山寺碑亭、道中庸亭、爱晚亭、自卑亭，各有不同的育人价值，充分体现了先贤的卓越教育思想。

（三）民间私塾

民间私塾是遍布中国基层社会的教育场所，主要教授蒙学，兼授经学。多数私塾由家庭聘请教师，规模较小，通常为一位先生教授若干学生。其教学条件简陋，甚至实行个别教学，没有固定的教材和学习年限限制。一些贵族、士大夫或富裕家庭会礼聘良师，创办规模较大的私塾，惠及亲族子弟。历史上也有地方官员、义士和乡贤集资举办具有公益性质的私塾（称为义塾），收纳贫苦民众的向学子弟，促进了良好官德和乡风民俗的传承，推动了社会进步。私塾的教育效果，主要取决于举办者的文教理念和塾师的道德学问水平。许多具备一定教养的乡绅、官吏、学者和思想家都曾受益于私塾教育。

二、家庭教育

古人很早就认识到儿童教育的重要性，尤其是那些希望孩子将来走上"修齐治平"之路的家庭。宋代大儒张载曾专门总结说：

> 古之小儿，便能敬事长者。与之提携，则两手奉长者之手；问之，掩口而对。盖稍不敬事，便不忠信，故教小儿且先安详恭敬。[1]

儿童教育（即蒙学）的第一步是"教小儿且先安详恭敬"，即培养他们"敬事长者"的习惯，因为这是"忠信"品德的基础。《论语》倡导"言忠信，行笃敬"，曾国藩强调"勤于邦，俭于家，言忠信，行笃敬"，这些都是君子的重要品格。

中国传统士大夫的家庭教育，通常严格且注重细节，因为孩子们的最佳人生道路是"修齐治平"，或至少要成为受人尊敬之人。古人认为，敬爱和庄重对待尊长，要从奉养父母开始。正如顾炎武所言：

> "故亲生之膝下，以养父母日严。"孩提之童，知爱而已；稍长，然后知敬。知敬然后能严。[2]

---

[1] （清）黄宗羲著，（清）全祖望补修：《宋元学案》卷十八，北京：中华书局，1986年，第765页。
[2] （清）顾炎武：《日知录》卷六，见《顾炎武全集》，上海：上海古籍出版社，2011年，第18册，第289页。

顾炎武认为，奉养父母的过程可以逐渐培养出孩子对尊长的爱与敬，使其养成从政所需的谨慎品质。

> 子曰："弟子入则孝，出则悌，谨而信，泛爱众，而亲仁。行有余力，则以学文。"①

这段话是《论语》中的经典表达，强调家庭教育应培养孝悌等基础人格，进而延伸到谨信、博爱和亲近贤能等品格。有了可靠的行为规范后，再学习圣贤经典，这种思想后来成为蒙学的基本价值观之一，体现在《弟子规》等读物中。

家庭教育和蒙学都注重培养孩童的基础人格和礼仪规范，为其将来走上"修齐治平"之路打下良好的品德基础。

在细节方面，古代家庭和社会教育甚至对孩子的打扮和仪表也有专门要求。董仲舒在《春秋繁露》中写道：

> 衣服容貌者，所以说目也；声音应对者，所以说耳也；好恶去就者，所以说心也。故君子衣服中而容貌恭，则目说矣；言理应对逊，则耳说矣；好仁厚而恶浅薄，就善人而远僻鄙，则心说矣。故曰行意可乐，容止可观，此之谓也。②

在董仲舒看来，有修养的君子在日常待人接物及交友过程中，从外貌举止到内心都应体现优雅。只有这样，才能做到行意可乐，容止可观。官员以此为标准对待自己的上下左右，也就成了一种普遍要求。

具体而言，家庭教育有家学、家训等要素。

---

① 张燕婴：《论语》，北京：中华书局，2006年，第4页。
② （汉）董仲舒撰，（清）凌曙注：《春秋繁露》卷十一，北京：中华书局，1975年，第388—389页。

（一）家学

家学能够使家庭或家族内成员在道德、学术或知识领域所具有的优势甚至垄断地位。家族一般都希望自己的后代能享受甚至独享这些优质资源，从而维持世代昌盛。在科举考试制度出现以前，家学具有垄断性和世袭性，原因之一是经学缺乏权威注疏且难以广泛普及。汉代和魏晋的经学世家便是典型，这些经学世家甚至可以出现累世公卿、四世三公等现象。科举制度确立后，也不乏依靠家学传承，使子孙在科举考试中取得成功的案例。家学一般由父兄（有时包括母亲）充当教师，子弟为学生。这种教育能否塑造廉洁奉公的品格，取决于教师水平、亲子关系以及家族文化是否与之契合。少数家学会对外开放，惠及亲族朋友。刘知几在《史通》中自述：

> 予幼奉庭训，早游文学。年在纨绮，便受《古文尚书》……自汉中兴已降，迄乎皇家实录，年十有七，而窥览略周。[①]

刘知几的父亲、兄长都是他的史学启蒙导师，他之所以能成为史学泰斗，家学起了十分重要的奠基作用。在长辈的指引及家学熏陶下，他在十七岁时便已博览群书，通晓历史梗概了。

古人认为，孩童在洒扫、应对、进退中的日常实践，可以使其学会做人做事的基本规范，并明白其中的道理。顾炎武言：

> 有始有卒者其惟圣人乎。圣人之道，未有不始于洒扫应对进退者也。故曰"约之以礼"，又曰"知崇礼卑"。[②]

[①] （清）浦起龙：《史通通释》，香港：太平书局，1964年，第91页。
[②] （清）顾炎武：《日知录》卷七，见《顾炎武全集》，上海：上海古籍出版社，2011年，第18册，第318页。

而这些"礼"主要就是在家庭生活中养成的,家学能在此方面发挥重要作用。

在古代中国,家学和家庭教育主要以男孩为对象,但在一些教育资源充足的家庭,也不排斥女孩子接受教育。即使是常被认为歧视妇女的宋明理学,对于女子接受教育也持支持态度。《朱子语类》载:

> 问:"女子亦当有教。自《孝经》之外,如《论语》,只取其面前明白者教之,何如?"曰:"亦可。如曹大家《女戒》、温公《家范》,亦好。"①

这段话反映出朱熹支持女子学习《孝经》《论语》以及《女诫》《家范》。《红楼梦》中"自古道'女子无才便是德',总以贞静为主,女工还是第二件"的说法常被误解,似乎古代儒家反对女子教育。实际上,儒家经典从未提出如此主张,且这句话与《红楼梦》中才女斗诗的描写本身就存在矛盾。历史上的才女,正是家学和家庭教育惠及女性的体现。

(二)家训和长辈的言传身教

在古代,马援的《诫兄子严敦书》、诸葛亮的《诫子书》、司马光的《训俭示康》,以及传世的《颜氏家训》《钱氏家训》《朱子家训》等,都是中国家训的典范。这些家训不仅能够使家族中的一部分后代传承、弘扬优良的家族文化,还形成了一种恒定的、面对众多子孙的、可以世代延续的共性力量,甚至成为中华民族共同敬奉的精神遗产。

当然,每个家庭都有自己的特殊情况。因此,对某一个体的基础道德的形成与维系而言,长辈的言传身教往往具有更大的影响力,而其呈现的手段、方法通常也是个性化的。尤其是大部分家庭并不具备稳定的家学传统或力量来维持家训家风,因此长辈的言传身教成为适合绝大多数家庭的主要教育方式。

母亲在家庭教育中扮演着重要角色,其品格、德行及教育方式对子女成长

---

① (宋)黎靖德:《朱子语类》卷七,北京:中华书局,1986年,第127页。

成才的影响至关重要。以郑善果为例。郑善果，郑州荥泽（今河南郑州惠济区）人，出身世家，是隋唐时期的名臣。他历任隋沂州刺史、鲁郡太守，及唐刑部尚书、岐州和江州刺史等。郑善果的成就与其母亲的教育密切相关。其母出自名门崔氏，因丈夫为国捐躯，她选择终身不再嫁，独自赡养老人、抚养儿子。良好的家风使得她博涉书史，能对郑善果的政务处理进行严格监督。若儿子政务处理得当，她会满心欢喜与儿子谈笑；若处理不当，则蒙被而泣，终日不食，以此敦促儿子改正。她告诫儿子，作为家风优良、世所仰望的名门之后，绝不能在行使权力时玩忽职守，否则不仅会败坏家风，还可能丢失官爵，甚至触犯国法。她始终亲自纺绩，夜分而寐，厉行节俭，厚待亲属，拒绝馈赠。她告诉儿子：纺绩是女性的本分，拒绝纺绩不仅是骄逸行为，也不符合礼制；做官要珍惜俸禄，应将俸禄多分给亲属，而非独自享受。崔氏的言传身教深刻影响了郑善果，帮助他成为一位贤能的官员。郑善果后来还成为玄奘的伯乐。

在历史上，西汉隽不疑母敦促儿子宽大刑狱、东汉范滂的母亲支持儿子抗奸捐躯、吴国司空孟仁的母亲教子为官廉洁、东晋名将陶侃的母亲不准儿子收礼、唐朝崔玄晖的母亲戒子严拒不义之财、唐朝御史王义方的母亲勉励儿子忠烈事君，这些都是优秀母亲训育后代的杰出范例。这些故事彰显了崇尚清廉的核心价值观，激励了无数清官循吏和忠臣义士与邪恶势力及不良风气抗争到底，同时也教导他们厚待民众、保持廉洁。这些母亲在孩子幼年时即重视孩子的品德教育，其家庭教育对孩子的重要影响延续到他们做官乃至身居高位之时，可见，母亲对孩子优良人格和品德养成的影响非常大。

当然，古代家庭教育的典范中，也不乏父亲的身影。例如，西汉万石君石奋培养出五个俸禄至二千石的儿子，汉景帝大为称赞，石奋也因此誉满天下。他的教育方法是：若儿孙不孝或不谨，他并不责骂训斥，而是面对几案拒绝进食，直到儿孙通过长老引见，肉袒谢罪并改正错误，才算过关。平常家人、童仆与他相处时，冠冕服饰、言行举止都必须守礼。即使儿子们担任高官，回家后也必须遵循规范，因此所有子孙都很孝顺。石奋一家以孝谨闻名于郡国，即便是齐、鲁的儒门世家，也自愧不如。

家训是我国古代家庭教育的独特成就。历史上的众多家训中，出自颜之推的《颜氏家训》对后世影响尤为深远。

颜之推出生在一个"风教素为整密"的家庭，自幼受到良好的家教家风熏陶。然而，他九岁时父母亡故，由兄长抚养。兄长"有仁无威，导示不切"，在约束力上远不及父母。因此，颜之推幼年的家庭教育，从时间上来看只有前半段是成功的，这导致他"颇为凡人之所陶染，肆欲轻言，不修边幅。年十八九，少知砥砺，习若自然，卒难洗荡"。到了晚年，颜之推回忆起这些经历，深感后悔和遗憾，甚至达到铭肌镂骨的地步。为了使后人吸取教训，他写下了《颜氏家训》。历史证明，这样的家训饱含祖先情感和智慧，的确发挥了造福子孙、遗泽后世的作用。《颜氏家训》中的名言警句，如：

> 上智不教而成，下愚虽教无益，中庸之人，不教不知也。[①]

这段话虽引用了孔子"上智与下愚不移"的教育观点，但并非赞同"上智与下愚"不可改变。孔子也曾说过"我非生而知之者"，可见并不存在"不教而成"的"上智"者。因此，颜之推引用此观点实则意在强调家庭教育的重要性，认为即使是"中庸之人"，也需要通过教育来明理修身。

又如：

> 名之与实，犹形之与影也。……上士忘名，中士立名，下士窃名。[②]

君子疾没世而名不称焉，扬名后世是儒家倡导的人生追求，当然只能通过"三立"（立德、立功、立言）来实现。颜之推用"忘名、立名、窃名"来品评世人的等次，见解精辟。就家庭教育来讲，爱惜名声应该是所有具有成名潜质的

---

① 檀作文：《颜氏家训》卷一，北京：中华书局，2007年，第8页。
② 檀作文：《颜氏家训》卷四，北京：中华书局，2007年，第164页。

孩子所要重视的问题，要戒绝虚名，做到名实相符，只有这样，才有可能成为品德高尚的人。

再如：

> 士君子之处世，贵能有益于物耳，不徒高谈虚论，左琴右书，以费人君禄位也。①

"有益于物"，意味着要对周围世界产生正能量。颜之推告诫子孙不要凌空蹈虚、故作高雅，因为这种做法等于浪费国家禄位，这便突破了官德底线。

此外，颜氏还倡导"夫生不可不惜，不可苟惜"②，十分精辟地表达了儒家的生死观。这句话告诫人们，在一般情况下，应防止因性格鲁莽、见识愚钝而死于自寻的险途或祸难，或因品德有亏而死于贪欲、逸豫。在特殊情况下，为了践行仁义，君子是不会畏惧死亡的。这个以颜回为始祖、以家训蜚声海内外的家族，在唐代出现了与叛乱贼寇不共戴天、杀身成仁的颜真卿和颜杲卿，其义举感人至深。

北宋名臣范仲淹，其家学、家教、家训都堪称历史上的典范，保证了范家数代贤良（被载入《宋元学案》者就有六人）被后人广为传颂。他的四个儿子，也全都成才。

在中国传统教育中，优秀的家庭通常自幼就引导孩子交友。古人对此积累了丰富的经验，比如：

> 贫贱之知不可忘，糟糠之妻不下堂。③

儒家认为朋友情谊、夫妻情分是宝贵的财富，尤其是患难之交，更是弥足珍

---

① 檀作文：《颜氏家训》卷四，北京：中华书局，2007年，第173页。
② 檀作文：《颜氏家训》卷五，北京：中华书局，2007年，第206页。
③ （唐）魏征等撰，吕效祖点校：《群书治要》，厦门：鹭江出版社，2004年，第327页。

贵，不能为了富贵、美色而抛弃妻友——这当然是对那些飞黄腾达者的告诫。

又如：

> 故君子之接如水，小人之接如醴；君子淡以成，小人甘以坏。①

君子以义相交，无功利盘算和利益交换，所以像水清澈透明；小人则相反，以酒肉为媒，称兄道弟。君子之间交往得很平淡，互相成就品格；小人之间交往得很甜蜜，但在道德上常常互相败坏。所以优秀的家庭教育也一直倡导"君子之交"。

（三）家庭的景观及设施

一些家庭景观和设施，如"耕读传家""诗礼传家"等门楣题字，典雅的书房、琴房、碑铭，以及家中用于训育子孙的空间等，都有积极的教育意义，在廉洁文化形成与维系方面，发挥着促进作用。

三、社会教育

任何人都生活在具体的社会环境中，无时无刻不在与社会发生着联系，社会教育与个人的一生息息相关，所以在培养廉洁文化方面，社会教育具有重要作用。

（一）非直系亲属的尊长的勉励、欣赏或训诫、约束

在古代多子女的家庭环境中，每个孩子得到直系亲属长辈的充分关注与鼓励通常是有限的，且直系亲属长辈在被孩子们完全熟悉后，其言行的魅力难免会下降。这也是古人很早就洞悉"易子而教"有时更易取得成效，并被加以运

---

① （唐）魏征等撰，吕效祖点校：《群书治要》，厦门：鹭江出版社，2004年，第116页。

用的原因。那些非直系亲属中能够在孩子内心深处产生重要影响的尊长，对孩子的勉励、欣赏或训诫、约束，往往也是在廉洁观念形成的重要因素。

邵伯温，北宋著名理学家、数学家、诗人邵雍之子。他不仅受教于父亲，更受益于父亲的好友司马光、韩维、吕公著、"二程"等尊长的教诲。这些长辈与他建立了忘年之交，对他十分赏识，时常勉励。司马光担任宰相期间，曾准备举荐邵伯温，可惜未果便逝世。宋朝清议发达、伯乐众多，邵伯温最终得以入仕，成为循吏和一代名儒。

又如，宋末忠臣陆秀夫与文天祥、张世杰一起并称"宋末三杰"，崖山战败时，陆秀夫背着赵昺投海自尽，保留了宋朝君臣的尊严。他所受的人生教导，很大程度上是由其乡人孟先生完成的，这位尊长对他的欣赏、激励，无疑是他最后选择尽忠报国的重要因素。

（二）公共建筑的伦理教化作用

在家庭以外的生活环境（主要是故乡）中，各种牌坊、碑刻、先贤祠庙等，均是社会教育最稳定的载体。这些公共建筑通过直观的形式传递伦理正能量，潜移默化地影响着人们的价值观和行为方式。再如，儒家认为"仁者乐山、智者乐水"，道家倡导"道法自然"，历史上还有孟母三迁等故事，它们从不同角度揭示出环境对人格塑造的重要作用。

（三）节庆活动与人际交往中的伦理教化与价值观传承

各种节庆活动，如清明祭祖、端午祭屈原、重阳敬老等，既是传承国家、社会、家庭核心价值观的重要载体，也是廉洁文化形成与维系机制运转的常规动力。

古代士大夫家庭多以"诗礼传家"为荣，普通人家也常有"负耒横经""耕读传家"之风气，这都是中华文化重视教育、教化的体现。不光是婚姻讲究"门当户对"以保证子孙教养、文化品位不至下坠，其他的人际交往也讲究修养相配、品位相投，倡导以文会友，"竹林七贤"便是代表。

（四）选举制度的不断优化与引导

中国历史上每一个大一统王朝几乎都把"天下为公，选贤与能"作为基本国策。秦朝奉行法家崇尚事功的思想，侧重按照官员的实际能力、贡献来选用各级官员，对选"贤"不甚强调。两汉居于主流地位的察举、征辟和射策制度，都是把儒学素养、人望口碑及才能作为主要选举依据。魏晋南北朝时期，以九品中正制为主选贤举能，但遗憾的是伴随门阀士族的坐大和社会动荡，最终形成了"上品无寒门，下品无氏族"的局面，留下了深刻教训。

隋朝创立、唐朝完善、宋代继续发展、元明清沿袭的科举考试选官用人制度，重新诠释了"天下为公，选贤与能"的历史内涵，推动了廉洁文化形成与维系机制诸要素的重构，以及整个官德建设的与时俱进。

科举考试考什么，对于天下士子和官员士大夫自幼学什么、教什么具有决定性影响。唐宋时期，以诗、赋、散文取士占据主导地位；明清时期，则以具有兼容性质的八股文为主要科考形式。二者都对廉洁文化产生了重要影响。

钱穆指出：

> 唐太宗尝问王珪："近世为国者益不及前古，何也？"对曰："汉世尚儒术，宰相多用经术士，故风俗淳厚。近世重文轻儒，参以法律，此治化之所以益衰。"[①]

这段话十分精辟，在古代社会，对儒家经学的学习，在整体上对士子而言是一个品格、才能、智慧增益的过程，大家都用心学习它，官员队伍主流由此产生，就能使"风俗淳厚"。经史、儒术本身就是"道"或传"道"的根本，而文学艺术和法律整体上只是一种"术"，重"道"不重"术"的科学指导思想明显有利于廉洁文化形成与维系机制的良性发展。

---

① 钱穆：《国史大纲》，北京：商务印书馆，2010年，第430页。

第三章 砥砺为人之行

所谓"砥砺为人之行",是指在一个特定的历史时期,通过观念引领、舆论品评等多种道义力量,推动官员士大夫形成、维持并升华其道德品行,使其成为吏民的表率。这种道德品行的塑造,旨在强化官员的道德感,培养符合王道政治要求的官员。无论身处庙堂还是江湖,无论对待他人还是自我,这些官员都能成功履行自己的道德义务,在做人与做官两方面同样做出表率。

孔子作为传统文化中"君子"内涵与外延的主要建构者,其思想为"砥砺"士大夫的为人之行提供了重要标准。笔者认为,《论语》中关于"君子"道德品行和状态的描述,正是"砥砺"所要保持并升华的核心内容。总体而言,君子是遵守仁、义、礼、智、信的典范。孔子利用"君子"这一概念,将古代中国的价值观具体化,为后世官民提供了识别、检验和砥砺品行的标准。例如,"九思"强调君子为人处世必须内外兼修,在言行举止的各个方面出色地体现道德规范。能够完全践行"九思"的人,无疑接近圣贤;即使只能做到其中一部分,只要对其他方面心存向往,那么也能基本保持廉洁。

第一节　孝悌是否模范践行

孝悌在中国古代政治伦理中居于重要地位。自古以来的圣君、名臣、循吏，无不以身作则，带头践行孝悌之道。其理论出自对人性的深刻理解。

曾子曰："身也者，父母之遗体也。行父母之遗体，敢不敬乎？居处不庄，非孝也。事君不忠，非孝也。莅官不敬，非孝也。朋友不信，非孝也。战阵无勇，非孝也……"①

曾子从爱体敬事的角度阐述孝道，赋予每个人谨慎、恭敬做人的伦理依据。他认为，为人子女必须谨慎行事，绝不能使父母蒙羞。为此，对庄重、忠诚、恭敬、诚信、勇敢等价值观念的践行，成为"孝道"的自然延伸。

人治社会中，想要实现长治久安，主要依靠人们对于道德和法制的自觉遵守。只要绝大多数人能够具备这种自律性和自觉性，成本高昂的法制和国家暴力机器只需要应对极少数人群，甚至像成康之治、贞观之治时期那样，达到"刑措"的理想状态，便可实现真正意义上的"太平盛世"。君主和官员若想成功对百姓施加正面影响，就要使核心价值观具备普适性，即不分贫富贵贱，所有人都能通过努力将其内化于心、外化于行。这就需要一种基于人本主义的人性判断，即承认人与人之间只存在文化修养和既定社会地位的差别，而无先天人性或德行的差异。中国古代圣贤正是基于这一理念，建构、完善并传播孝悌之道。优秀的政治家和官吏也以孝悌之道进行自律和他律，从而实现社会的和谐与稳定。

---

① （唐）魏征等撰，吕效祖点校：《群书治要》，厦门：鹭江出版社，2004年，第113页。

一、《孝经》中的孝与廉洁文化建构

在中国古代孝道建构的过程中,《孝经》发挥了核心作用。清官循吏的基础道德,大多离不开《孝经》的滋养;而不践行孝道或践行孝道有缺陷的官员,则难逃批评或道德谴责,甚至可能因此受到惩罚。

在中华文化中,孝道作为贯通天地人的大道大德,对所有人的要求是一致的。对于君王而言,倡导并践行孝道是治国平天下的关键。孔子关于孝道的论述散见于各部经典,孔门弟子为总结其精要,专门撰写了《孝经》。以下以《孝经》中的几章为例,试分析其内涵:

《孝经·开宗明义章第一》写道:

> 子曰:"夫孝,德之本也,教之所由生也。……身体发肤,受之父母,不敢毁伤,孝之始也。立身行道,扬名于后世,以显父母,孝之终也。夫孝,始于事亲,中于事君,终于立身。"①

这段话提出要以爱惜父母所赐的身体发肤为起点,通过立身行道、留名青史,最终为父母带来荣耀和快乐。孝道是最基础,也是最高的道德。清代教育家李毓秀在其蒙学教材《弟子规》中,将倡导爱惜身体发肤的价值观表述为:"身有伤,贻亲忧;德有伤,贻亲羞。"这一表述精辟且易于记忆,体现了孝道在道德修养中的基础地位。在家国一体的角度下,孝悌自然延伸,使人能够实现自我完善(个体)、孝养双亲(家)和忠勤君主(国)三者的统一。

《孝经·天子章第二》,论述了敬爱父母双亲的人,才可能善待非亲属的其他人。这一论述在逻辑上无可挑剔,因为敬爱父母相对容易,而善待他人则较

---

① 汪受宽:《孝经译注》,上海:上海古籍出版社,2004年,第2页。

难。该章特别强调天子带头尽孝对推行孝道的决定性作用，赋予天子崇高的道德义务。

《孝经·诸侯章第三》，专讲分封制下的诸侯，特别强调其不能因骄傲自满而逾矩，从而丢失祖先传下的富贵。只有诸侯保持好自己的富贵，才能实现国家安宁和民众和睦。这就是诸侯孝道的内涵。上有天子、下有臣民的诸侯，应时刻保持谨慎，具备危机意识和忧患意识。

《孝经·卿大夫章第四》，强调卿大夫之孝主要体现在言行举止要符合"先王"之道。"能守其宗庙"意味着贵族爵位能顺利传承下去。言行举止违背先王之道，导致失去祖先努力获得的爵位，便是卿大夫的不孝。因此，卿大夫必须尽最大努力服务君王。

《孝经·士章第五》，强调爱父母与敬君长各有侧重，但都是孝道的延伸——忠是孝道移向君主，顺是孝道给予尊长。作为士，在政治上忠于君王，顺事长上，便能保住禄位，更好地延续家庭或家族的祭祀。这就是士践行孝道与履行公职的关系。

《孝经·庶人章第八》，指出普通百姓的孝道主要是保证自己有能力赡养好父母。孝道无始无终，永恒存在，要努力去践行。

总之，从天子到庶人，行孝都是首要且基础的道德要求，贯穿始终。包括孟子名言"人人皆可为尧舜"在内的众多观点表明，儒家认为成为君子或圣贤并非某些人的专利，而是人人都可能通过努力达成的目标。君子不仅是法制的遵守者，更是普通人道德修为的垂范者。

在《孝经·纪孝行章第十》中，专门为士大夫阐述了如何行孝。孝道的践行旨在使父母能舒适、快乐、有尊严。特别是，如果自己的地位与父母有差别，无论比父母的地位高还是低，都不能做出使父母难堪、担忧或蒙羞的事情。经典故事如汉文帝连续三年每日亲自侍候母亲薄氏服药；北周清官郑善果长期接受母亲的监督与教诲；宋代四川名臣陈尧叟、陈尧佐、陈尧咨三兄弟即使位列宰执，当父母在家中接待客人时，仍恭敬地侍立在父亲陈省华身旁。如果因骄恣而招致横祸、因卷入祸乱而受刑、因争强好胜而动用凶器，则被视为十足的不孝。由于士大夫为百姓之表率，《孝经》对他们的要求也更加繁多。

孝道是古代检验官德的基本标准之一。符合孝道者受到赞美、敬重和拔擢，反之则会遭到舆论（清议）谴责、鄙视，甚至受到家规、宗法和国家法律的制裁。

在历史上，孝是家国维持稳定、和谐与凝聚力的基础之一，因此，违反孝道被视为严重的罪行，必须严惩。这一点，《孝经》明确强调：

> 子曰："五刑之属三千，而罪莫大于不孝。要君者无上，非圣者无法，非孝者无亲。此大乱之道也。"①

孝道在中国文化中地位特殊，是"修齐治平""明德亲民止于至善"的起点。它以人最本真、自然的情感关系，而非任何神灵或图腾所规定的伦理（如"原罪""选民"）为基础，在家国一体的架构下自然延伸至政治领域，构建了忠君、崇圣等关键伦理的基础。于古代官员而言，孝道不仅不可违背，甚至要更加严格地遵守，特别是在政治斗争背景下，任何"夺情"行为都难免被指责。正是孝道的这种特殊地位，为建立廉洁文化的形成与维系机制提供了重要保障。

二、《大学》对孝悌之道的强化

《大学》原为《礼记》中的一篇，全文约两千字，在阐释儒家核心义理方面堪称言简意赅的典范。因此，宋代儒者将其抽离出来，单独成书，以便人们从浩如烟海的儒学经典中能迅速把握儒学宏旨。朱熹在谈论读书顺序时指出：

> 某尝闻之师友，《大学》一篇，乃入德之门户，学者当先讲习。知得

---

① 汪受宽：《孝经译注》，上海：上海古籍出版社，2004年，第58页。

为学次第规模，乃可读《语》《孟》《中庸》……①

朱熹所言的"师友"即二程（程颢、程颐）。此后数百年间，《大学》成为"四书"之首，中国士人和官员的读书与"修齐治平"实践也因此有了新的侧重点和路径。其中，与孔孟之道一脉相承的以孝悌立身、以孝悌水准审视官德的价值观，不仅得以延续，而且得到进一步强化。

《大学》强调：

所谓治国必先齐其家者，其家不可教而能教人者，无之。故君子不出家而成教于国；孝者，所以事君也；弟者，所以事长也；慈者，所以使众也。②

这段话从齐家与治国的紧密逻辑关系出发，指出君子的齐家之德是治国之德的基础，即"不出家而成教于国"。作为人子，在家践行孝道；作为兄弟，在家践行悌道；作为父亲，在家践行仁慈。如此，便能逐渐具备入仕后事君、事长、使众所需的品行。

《大学》引用《诗经》之语教化民众和谐相处：

《诗》云："宜兄宜弟。"宜兄宜弟，而后可以教国人。③

这意味着，能够与兄弟和睦相处的人，才有资格教化普通百姓。正如《论语》中子夏所言："四海之内皆兄弟也。"这可以说是将悌道扩充到了极致。因此，《诗经》赞美道："恺悌君子，民之父母。"

---

① （宋）朱熹著，（宋）张洪、（宋）齐熙编，何雪燕、杜均译注：《朱子读书法》，北京：中国致公出版社，2018年，第18页。
② （宋）朱熹：《四书章句集注·大学章句》，北京：中华书局，1983年，第9页。
③ 王国轩：《大学》，北京：中华书局，2006年，第28页。

《大学》进一步指出：

> 所谓平天下在治其国者，上老老而民兴孝；上长长而民兴弟；上恤孤而民不倍。是以君子有絜矩之道也。①

絜矩之道，是一种以推己度人为方式的人际关系处理法则，强调内心公平中正，做事中庸合德。倘若官员以身作则，敬老、尊长、恤孤，民众自然会效法，从而形成良好的社会风尚。

三、《论语》中关于孝悌与做人做官关系的论述

孔子开创私学，精心培养人才，其主要目的是为社会准备优秀的官员，即让学生"学而优则仕"。这些官员作为君子，能够影响君主、引领民众向善，取代横行于世的"乱臣贼子"，从而改善社会风气。尽管孔子深知乱世中入仕的危险与艰难，强调进退有据，但他也认为，要想走出乱世，必须有人直面困局、拯救世道人心。然而，在这一过程中不能失去道德底线或做无谓的牺牲。因此，我们在《论语》中看到的孔子，是一位主张先修身成君子、再择机入仕的伟大良师。他强调在不失道德底线的情况下积极入仕、兴利除弊。

《论语》中有大量关于君子的标准及如何成为君子的论述，且从未限定特定人群。因为君子的起点和基础是孝悌之道，这是人人都可以践行的。如《学而》篇中所言：

> 有子曰："其为人也孝弟，而好犯上者，鲜矣！不好犯上，而好作乱者，未之有也。君子务本，本立而道生。孝弟也者，其为仁之本与？"②

---

① 王国轩：《大学》，北京：中华书局，2006年，第30页。
② 张燕婴：《论语》，北京：中华书局，2006年，第2页。

这段话指出，为人之本是亲亲、尊尊，而这种情感与品德的养成从孝悌开始。孝悌既是道德的要求，也是守法的体现。践行孝悌之道，不仅是做人的根本，更是做官的责任与义务。

在《论语》中，关于孝悌与做人做官的关系多有论述，影响深远。例如，孔子在回答季康子如何使民众养成敬、忠素养时，告诉他统治者应从自身做起，以庄重姿态出现在民众面前，民众自然会敬重；统治者若带头践行孝道，民众便会理解忠的内涵，因为在家尽孝与为国尽忠是一体两面。把那些高尚的人用在管理岗位上，可以教化他人，激励民众。当被问及自己为何不入仕时，孔子含蓄地引用《尚书》，指出孝悌之道既可以齐家，又可以治国。只要他培养的弟子中有人从政，便足以实现他的主张，他也就没有亲自入仕的必要了。

孔子回答齐景公问政时提出"君君，臣臣，父父，子子"，这一观点在历史上非常有名，但长期被曲解。孔子告诉齐景公，治理国家的根本之一是君主、大臣、父亲、儿子各安其位，各自履行好自己的道德义务和职责。齐景公听了之后很有感触，深表赞同。而"父父，子子"的实现，自然依赖于慈与孝。

总之，在儒家经典中，孝悌是做人及做官的根本之道。它被当作考核指标之一，贯穿于古代官员的培养、选拔、评价和任免体系中。要理解这一点，《史记·循吏列传》是最佳读本之一。史书记载的多数清官循吏都堪称孝悌的典范，而历史上那些被罢黜或严惩的官员，则多有悖逆苟且之表现。

儒家主张为至亲守丧三年，官员也必须遵守丁忧制度。其用意从《论语》中记载的孔子对弟子宰予的训诫中可见一斑：

> 子曰："予之不仁也！子生三年，然后免于父母之怀。夫三年之丧，天下之通丧也。予也有三年之爱于其父母乎！"[①]

[①] 张燕婴：《论语》，北京：中华书局，2006年，第273—274页。

宰予，字子我，春秋末鲁国人。其人思维活跃、能言善辩，曾不辞艰辛追随孔子周游列国，并受命出使齐国和楚国。大概也是因为这种功劳，后来他位列"孔门十哲"之"言语"科第一，成为"孔门十三贤"之一。但在《论语》中，他因为白天睡懒觉被孔子斥为"朽木不可雕也，粪土之墙不可杇也"。在他与孔子关于三年之丧的对话中，孔子甚至以"不仁"来评价他。《史记·仲尼弟子列传》记载，宰予后来任齐国临淄大夫，和田常同谋作乱，最终被灭族，孔子为此感到羞愧。

儒家的守丧要求，虽然也有"教民无以死伤生，毁不灭性"的平衡之道，但总体上倡导生者，尤其是后代必须恪守丧礼以表孝心。这种价值观虽兼具正负能量，但在古代以正能量为主。儒家认为，人性中的善良与坚强需通过必要的磨炼才能稳固，正如孟子所言："天将降大任于斯人也，必先苦其心志，劳其筋骨，饿其体肤……"这种道德准则及其实践提供了一种磨炼的机会，能够考验与砥砺世人的品格与意志。人们完成考验的力量源于对养育之恩的诚意回馈和对人性善良基础的内在认定与坚持，这种力量也使人的其他优良品格得到涵养。"考"的价值观适用于所有人，甚至神祇也不例外。因此，中国文化中的神仙也以孝道为百善之基。释、道二教最初追求个体解脱，但最终也吸收了孝道的观念，其最深刻的根源在于孝道及其衍生的五常符合人性，符合大一统国家的需求。官员自然要成为践行这些价值观的楷模。

总之，廉洁文化的价值观与孝悌同源。社会结构与居住形态决定了古代少年儿童受家庭以外道德行为影响的机会有限，而且古代家庭中的纵向与横向人际关系与成人社会的人际关系类似。因此，古人认为，能做好臣，源于能做好子；能胜任君，源于能做好父。因此，孝悌是普遍适用的道德养成、表达与检验的标准。

第二节　齐家是否有方

中国自古以来都非常看重家庭。齐家的对象涵盖两个层面，一是普通的小家庭，二是内部联系紧密的家族和宗族。家庭和家族伦理的建构与践行，是所有成员成功融入社会并在国家中扮演重要角色的基础。

对于官员和士大夫而言，齐家是成为清官循吏的基础。家庭伦理与官员伦理具有相当高的一致性，且官员个人与家族在官场中通常是荣辱与共、共同进退的利益共同体。因此，家族会有意识地培养后代的道德观念和行为规范。这实现了有限教育资源的最优化利用，能最大限度地为社会基层涵养廉洁文化提供土壤。

讨论齐家的重要性，首先需要考察其理论依据。

《周易》对"离下巽上"的阐释是：在家庭中，男主外，女主内，内外有别，这是总体角色定位。父母应正直而严格，以此为榜样，每个家庭成员自觉扮演好自己的角色，这就是齐家的目标。统治者能将家庭治理有序，便也能将天下治理安定。

《大学》阐述了士大夫格物致知、正心诚意、修齐治平的康庄大道，并明确指出：

> 所谓治国必先齐其家者，其家不可教而能教人者，无之。[①]

显然，能否齐家，即能否模范地扮演好家庭角色，赢得家人的敬爱和尊重，是能否任官的重要考量方面之一。

---

① 王国轩：《大学》，北京：中华书局，2006年，第4—5页。

第三章　砥砺为人之行

在中国经典中,最早的齐家楷模是尧、舜和周文王。尧把自己的亲族凝聚成同心同德、相亲相爱的大家族,以此为基础,辐射出去,实现了平章百姓、协和万邦的天下安定有序的政治局面。不幸身处父顽、母嚚、弟傲之家却能齐家的舜,享誉四方,四岳遂将其举荐给尧,尧还将两个女儿嫁给舜,对他进行进一步考察,经过重重考察,舜最终成为一代圣君。在《诗经》中得到"刑于寡妻,至于兄弟,以御于家邦"赞誉的周文王,成为周朝的奠基者和圣王典范。舜和文王在历史上都是先为臣,后为君,这表明君臣之道具有相通性。

在春秋战国这样的乱世中,"齐家"在不同的人群中没有统一的价值共识和评判标准,所以讨论统一王朝对"齐家"的认识和实践更具典型意义和传承价值。中国大一统时期,士大夫以孝悌为本的齐家理念在两汉,尤其是在东汉达到高峰,具体表现为:

久丧——父母死后,子女要严格实行三年以上的守孝(甚至有加倍服孝者)。

让爵——主要表现为父亲有显爵,长子避让,将爵位让给兄弟。如西汉韦贤去世后,其子玄成将爵位让给庶兄弘,得到汉宣帝的赞赏和许可。东汉的邓彪、刘恺、桓郁、丁鸿、郭贺、徐衡等人也是如此。两汉重孝廉,让爵、推财则兼顾孝与廉,形成了一种风气。

推财——兄弟分家析产时让多取少。

避聘——被征辟聘用时选择逃避,以让位于亲属。

报仇——家庭有仇怨,奋身图报,这也是孝悌的表现。如崔瑗、魏朗、苏不韦等人的行为,应视为一种先秦遗风。仅就家庭而言,子为父报仇是合乎伦理的。

齐家主要是对在职官员的要求。在职官员齐家可分为两种情况:天子身边的重臣既要自己做齐家典范,还有谏诤君王齐家的义务,因为君王不注重齐家,祸害更大。历史上,管仲和齐桓公都为此被后人诟病。如苏辙在《古史》里指出,管仲占有财富过多且有夸耀之嫌,尤其是在对齐桓公有重大影响力的情况下,没有谏诤、阻止齐桓公齐家无方,只是在桓公家中乱源已经形成、乱局已经无解之时,将作为齐国继承人的齐孝公托付给人品可靠的宋襄公作为补救。齐桓公则因情欲泛滥,"三夫人、六嬖妾,嫡庶不明,而管仲不禁,终以此败"①。缔造了春秋首霸功业,因避免了华夏子民"被发左衽"而受到孔子称赞的这对君臣,最终却因在齐家问题上的失败而受到后人批评。

齐家的目标是夫妻和睦、按礼法约束家人,并使家人幸福快乐。如《中庸》所言:

> 君子之道,辟如行远必自迩,辟如登高必自卑。《诗》曰:"妻子好合,如鼓瑟琴;兄弟既翕,和乐且耽;宜尔室家;乐尔妻帑。"子曰:"父母其顺矣乎!"②

夫妻恩爱、彼此敬重的士大夫家庭在古代并不少见,如东汉张敞为妻画眉、梁鸿与妻举案齐眉,宋代苏东坡与发妻王弗、继室王闰之的深情,明代杨慎与黄峨的不离不弃,都是千古佳话。这种良好的家庭关系为官员坚守廉洁文化和其子嗣传承优良家风提供了更多保障。

在中国历史中,还有不少女性展现出齐家的修养,令人印象深刻,如阿谷处女与鲁秋洁妇的故事。

阿谷处女——史载孔子出游途中,见一"佩璜而浣"的女子,便派能言善辩的子贡与她交流。孔子发现此女子品行端庄、恪守礼义,"达于人情而知礼",拒绝任何轻佻的行为,显示出良好的教养,为之赞叹不已。这样的女子无论是作为姐妹、妻子,或是母亲,都将成为男子养成廉洁品质的助力。

鲁秋洁妇——这是中国妇女史上一个十分凄美的故事。秋胡西行做官,五年后第一次回家,途中遇到正在采桑的妻子,却没认出她,因被她的美貌吸引,心生淫念,便用言语和金钱挑逗,遭到拒绝。回家后他才知道那是自己的

---

① (宋)苏辙著,舒大刚等校点:《古史》,成都:四川大学出版社,2016年,第82页。
② (宋)朱熹:《四书章句集注·中庸章句》,北京:中华书局,1983年,第24—25页。

妻子，自觉惭愧。妻子义正词严地斥责其不孝、不义，不配做丈夫和为官，后投河自尽。她以死表明对丈夫的鄙视，以及自己冰清玉洁的品格。从此例也可见齐家和做官的紧密联系在古时可谓妇孺皆知。这位高洁的妻子未能找到与她品格相配的丈夫，最终选择自尽，后人既赞叹又惋惜。然而，她留下的贤淑与刚烈融为一体，成为一种巨大的道德教化力量。如李白在《湖边采莲妇》中称赞道："愿学秋胡妇，贞心比古松。"

历史上，明君贤相、清官循吏的背后，往往有一位贤内助的支持。如何成为贤内助，是包括后妃在内的贵族和官员妻子们的重要课题。作为妻子，不仅要有德容言功，还应从各方面推动、辅佐丈夫及儿孙走正道、行正事，忠于职守。四川历史上就有许多敢作敢为的"贤内助"。例如，宋代阆中陈家的冯氏和明代新都杨家的熊氏，皆以相夫教子有方而著称，堪称表率。史载，阆中有一个家庭，父亲陈省华，进士，官至转运使。他的三个儿子有两人官至宰相，一人为将，对国家与百姓均有卓越贡献。其妻冯氏严禁儿子和儿媳奢侈浪费。三个儿子对父母孝顺恭敬、温和有礼，从不因富贵而自傲。陈省华去世后，朝廷封冯氏为上党郡太夫人，她以高寿善终。明代新都出了一个以宰相杨廷和、状元杨慎为代表的四代七进士的名门望族。这个家族拥有几代贤妻良母，最知名的是杨慎的曾祖母熊太孺人，她治家严明，给子孙留下了著名的"四重"家训：家人重执业，家产重量出，家礼重敦伦，家法重教育。

贤内助是廉洁文化形成与维系机制中不可或缺的辅助，是清官循吏的坚强后盾，而历史上怂恿、推动丈夫滥用公权力以权谋私的"贪内助"，则恰恰相反。

古代官员在齐家方面积累了很多方法，例如：成年父子相处要有礼有节；君子教子，遵之以道；教妇初来，教子婴孩（即从一开始就要教导家人礼仪）；近朱者赤，近墨者黑，孩子身边的人素质十分重要，必须慎加选择；身教重于言教；等等。

古代中国孕育了相当成熟的家庭蒙学教育理念。古人认为教育的主要目标是培养有教养的人，既注重树立孩子正确的价值观，又教导孩子学习礼仪，最终是想让孩子养成良善的本性及良好的习惯。

家有大小之分,中国古代多重视血缘亲情,鼓励聚族而居,因此齐家也包括使家族、宗族荣辱与共、同心同德,无私帮助家族成员甚至乡邻。例如,《宋史》记载,宋代著名教育家戚同文乐善好施,宗族、邻居、同里的贫乏者,均能受到他的周济,他甚至在冬天直接解衣裳与受寒者。戚同文不爱钱财,也不专门修筑宅第,他终身不仕,以教育才俊、栽培人才为乐,因有志于天下统一安宁,故名同文。这些都深刻影响了其私淑弟子范仲淹。范亦幼孤力学,很早便以天下为己任。成为重要的官员士大夫以后,范仲淹积极为范氏宗族建义庄,救济孤贫,继承了戚同文遗风。据史书记载,以陆九渊所代表的陆氏家族,其优良的家庭和家族文化至少传承了八代以上,乱世中也未丢失。到了宋代,这个家族人才辈出,并在齐家方面成为一方表率,推动了家乡父老移风易俗,这正是仁政下官德的一种追求与表现。宋代的程珦也是齐家的典范。程珦字伯温,河南府伊川县人,其曾祖为太宗时的三司使程羽。程珦历任龚州知州、汉州知州,因不赞成王安石变法曾致仕,累转太中大夫。他一生清正廉明,多有善政。除了言传身教,他还让儿子——程颐、程颢拜其好友周敦颐为师。他对待亲属、族人,可谓将儒家的齐家之道表现得淋漓尽致:

> 前后五得任子,以均诸父之子孙。嫁遣孤女,必尽其力。所得奉禄,分赡亲戚之贫者。伯母寡居,奉养甚至。①

他收入有限,却如此慷慨大度,连文彦博、苏颂等九人都在他去世后专门上表赞美他,皇帝下诏赐帛二百,官府为其办理丧事。

古代的齐家理念,始终与儒家的核心价值水乳交融,促进了廉洁文化的形成与维系。

---

① (元)脱脱等:《宋史》卷四百二十七,北京:中华书局,2000年,第9940页。

第三节　居家能否慎独

人的道德养成与维系是一个潜移默化、渐进的过程。一般来讲，对真善美的坚守，乃至对"止于至善"的追求，可能因为没有做到防微杜渐而失败。因此，自古以来，中国古人的道德修养理论与实践，十分强调在日常工作与生活中谨小慎微，始终保持道德底线不失守，自律自励不松懈。尤其是官员士大夫，随着权力增大，面临的诱惑会越来越多。同时，政治生态不佳或人情世故拖拽等，也不断考验着官员士大夫。因此，士大夫们需要保持更高的道德底线，谨小慎微地应对这些考验，这一过程也颇为艰辛。有鉴于此，古代中国伦理道德中的君子人格、雅士节操、圣贤胸怀，主要是对君王和官员士大夫的要求，尤其是对真善美的追求主要通过对人间圣贤（而非万能的神）的尊崇与效法来宣扬。官员在政治伦理上是所辖区域内吏民的榜样，负有以身教为模范的教化责任。因而当一名官员真正能够终身自在地生活于道德规范之内，甚至达到像孔子所说那样"从心所欲不逾矩"的境界时，他将体验到超凡脱俗的尊严、愉悦与幸福。这种坚守带来的自身与亲属的平安、受尊敬，以及齐家、治国、平天下的成功所带来的壮志得酬、夙愿得偿的欣慰与幸福，既是个体生命的巨大财富，也给百姓带来了无尽福祉。

中华民族那些跨越千年的精神财富，相当一部分是由这些官员士大夫创造的。以此观照历史上那些将成仁取义、立德立功立言视为自己人生追求的士大夫，以及将"清白""诗礼"视为留给子孙后代最重要遗产的志士仁人，我们能够感受到他们崇高的精神世界，体会到中华文明古典道德的震撼力量。

历史上每一位受人尊敬的官员士大夫的人生历程，都贯穿着其终身不懈的慎独。慎独是指一个人独处时，依然能坦诚地面对自己，言行举止符合规范，是表里如一、知行合一的体现。在儒家总结君子修养目标、修养方法与路径的理论中,"三纲八目"(三纲即明明德、亲民、止于至善;八目即格物、致知、诚意、正心、修身、齐家、治国、平天下)可谓高度概括,对历史上廉洁文化的内涵具有重大影响。

在八目中,格物、致知可视为获得知识与智慧的阶段,其余六目则是提高道德修养的具体过程与目标。而"诚意"正是道德修养的出发点,因此《大学》写道:

> 所谓诚其意者,毋自欺也。如恶恶臭,如好好色,此之谓自谦。故君子必慎其独也![1]

一个人的道德修为必须源于对自身的真诚,这种真诚即不自欺,即表里如一。作为社会性存在,人在有其他人在场与独处时的表现往往难以统一。只有保持慎独的人,才能真正实现表里如一,即诚于内而形于外。慎独体现了人性的坦荡光明与清澈纯净,做到慎独的人具有强大、稳定的道德示范与引领价值。

君子如同美玉,要达到并始终保持温润洁净,就必须"如切如磋,如琢如磨"。切磋多用于学问与技艺,而琢磨则是一种自我惕厉的内省活动,正如曾子所言:

> 吾日三省吾身:为人谋而不忠乎?与朋友交而不信乎?传不习乎?[2]

受儒家熏陶的君子在他人面前应始终保持敬慎得体的言行举止,不仅要达到慎独的境界,还必须注重修养的提升。的确,翻开史书,最令人敬佩并心向往之的,是那些无论经历怎样的诱惑与波折,始终能够表里如一的君子。孟子

---

[1] 王国轩:《大学》,北京:中华书局,2006年,第19页。
[2] 张燕婴:《论语》,北京:中华书局,2006年,第3页。

把坐怀不乱的柳下惠看成圣人之一：

> 孟子曰：伯夷，圣之清者也；伊尹，圣之任者也；柳下惠，圣之和者也；孔子，圣之时者也。孔子之谓集大成。集大成也者，金声而玉振之也。①

所谓"和圣"，是指柳下惠一生直道而行，随遇而安。他在鲁国时，君权旁落，朝政被臧文仲等人把持。柳下惠生性耿直，不事逢迎，因而三次被贬黜。孔子对此事深感愤懑，他谴责道："臧文仲其窃位者与？知柳下惠之贤而不与立也！"②尽管因小人嫉贤妒能，柳下惠只能担任士师（掌管刑狱），但其道德与学问却名满天下。各国诸侯争相礼聘他，却都被他拒绝。他认为："直道而事人，焉往而不三黜？枉道而事人，何必去父母之邦？"③孔子称他为贤人，孟子更是不吝赋予他"圣人"的美誉。像柳下惠这样的君子的确堪称慎独的典范。坐怀不乱的故事发生在他身上，人们毫不怀疑，并且更使他流芳青史。

《中庸》专门论述了官员如何体现慎独的状态：

> 君子素其位而行，不愿乎其外。素富贵，行乎富贵；素贫贱，行乎贫贱；素夷狄，行乎夷狄；素患难，行乎患难，君子无入而不自得焉。④

这种状态称为直道而行，随遇而安，宠辱不惊。柳下惠这些"居易以俟命"的官员，通过慎独，具备了强大的生存适应能力，且往往成为政治紊乱甚至黑暗时期国家和民众的最后希望。而与他们形成鲜明对比的，则是紊乱世道与黑暗环境中胆大妄为、浑水摸鱼的小人。

---

① 万丽华、蓝旭：《孟子》，北京：中华书局，2006年，第218—219页。
② 张燕婴：《论语》，北京：中华书局，2006年，第237页。
③ 张燕婴：《论语》，北京：中华书局，2006年，第279页。
④ 王国轩：《中庸》，北京：中华书局，2006年，第76页。

重视伦理道德修养的中华民族，以四书五经为经典，其中一些名言如"古之学者为己，今之学者为人""君子上达，小人下达""大学之道，在明明德，在亲民，在止于至善"等，均体现了道德修养无止境的要求。此外，"富贵不能淫，贫贱不能移，威武不能屈"的大丈夫宣言，"吾将养吾浩然之气"的砥砺，以及追求完美的"君子慎独"理念，再加上"达则兼济天下，穷则独善其身"的旷达胸怀，陶冶出了许多表里如一的君子和官员，是中国廉洁文化要求官员在家或独处时也要保持君子之风的重要理论依据。毕竟，在政治舞台上表里如一最不容易，官员很容易因各种理由和心理需要变得虚伪。因此，能否做到"慎独"，被古人视为衡量品德优劣的重要依据。历史上，如杨震、诸葛亮、程颐、王阳明、林则徐等先贤都是慎独的典范。

儒家学说支配下的廉洁文化形成与维系机制，鼓励并推动士大夫基于充分的自知与自爱，形成高度的内省与自律，从而长久保持表里如一的圣贤或君子风范。历史上那些宠辱不惊，真正做到"宁静以致远，淡泊以明志"的人，正是这样一群坚持自知自爱而不动摇的贤能之士。

第四节　举荐贤能、奖掖后进是否大度主动

一、选贤举能的内涵与要求

选贤举能是实现"天下为公"的路径之一。若无贤能当政，便无法实现天下为公，更无法做到国泰民安。因此，凡是圣贤，必然积极主动为国家举荐贤能。反之，任何嫉贤妒能的人和事，都应该受到鄙视。君王必须竭力将嫉贤妒能之辈阻挡在庙堂之外。《泰誓》有言：

> 附下而罔上者死，附上而罔下者刑，与闻国政而无益于民者退，在上位而不能进贤者逐……①

公元前11世纪中叶，周武王大会诸侯，观兵于孟津。武王向盟军发布《泰誓》，告知天下诸侯臣僚：对上下忠诚守礼是必须遵循的规矩，益民与进贤是大臣的两大义务。他随后指出，商纣王杀黜贤能、亲信奸佞，自然失去了被天下人效忠的理由。

《中庸》将"尊贤"视为最高价值与伦理：

> 哀公问政。子曰："文武之政，布在方策。其人存，则其政举；其人亡，则其政息。……故为政在人，取人以身，修身以道，修道以仁。"②

人治社会特别依赖在任官员自身的品德与才能。主政官员一旦离去，他制定的政策往往也随之结束。因此，政治的要务在于尊敬与重用贤能。在儒家文化核心价值中，亲亲（仁）与尊贤（义）是两个重要方面，二者通过制度实现便是礼。由此，儒家五常的前三者得以统合，最终落实到知天、知人、事亲、修身、养民等为官伦理之中。

在儒家文化中，敬贤是最重要的品德之一。孔子对于伯乐从来都特别尊崇和敬佩。《孔子家语》记载，孔子分别赞美过乐于做伯乐的卫灵公、鲍叔和子皮。③他认为当时的君王中，无人可称"最贤"，但卫灵公因在治国理政中尊贤、礼贤和用贤，可称为"次之贤"。谈到臣德，当子贡以管仲、子产为例，不同意老师关于今之人臣无"最贤"者的观点时，孔子教诲子贡，"用力为贤"显然不及"进贤为贤"境界高，而管仲、子产尚未像鲍叔、子皮一样做到积极举荐贤能，尤其是举荐那些超过自己的贤人，所以管仲、子产不及鲍叔、子

---

① （汉）刘向撰，向宗鲁校证：《说苑校证》，北京：中华书局，1987年，第53—54页。
② 王国轩：《中庸》，北京：中华书局，2006年，第95页。
③ 王德明：《孔子家语译注》卷三，桂林：广西师范大学出版社，1998年，第143—145页。

皮。不管于君还是于臣，将国家利益置于首位，做敬贤爱才、选贤与能的伯乐，都是至关重要的。孔子还赞美魏献子忠心耿耿为国家举荐人才，近不失亲，远不失举，是历代伯乐的典范。

　　选贤举能的一个重要要求是不分贫富贵贱。成汤与伊尹、武丁与傅说、文王与吕尚、鲍叔牙与管仲、萧何与韩信、刘备与诸葛亮、欧阳修与苏轼，他们之间的有关故事都是典范。古代社会培养德才兼备之人十分困难，这是由于教育资源有限，再加上交通、信息传递的不便，人才难以被及时发现、栽培与重用，还易被嫉贤妒能之辈刻意打压。而古代国家的最高利益与长远利益要求最优秀的人才应首先被用于国家的各级管理岗位，这也是孔子主张"学而优则仕"的原因。谁来完成举贤任务呢？天子应该是天下最大、最高明的伯乐，各级官员应该积极为国家或地方做好伯乐，具体表现为积极发现、关怀、栽培、奖掖、举荐各类人才。历史上，君王与执政大臣对下级官员官德的要求与考核标准之一，便是其在选贤举能方面的表现。为国举贤的伯乐多，还是嫉贤妒能的佞臣多，整体上决定了该朝政治的清浊与官场的廉洁程度。诚如董仲舒之言：

　　*气之清者为精，人之清者为贤。治身者以积精为宝，治国者以积贤为道……*①

　　以治身之道比喻治国，生动贴切。这一段话生动论述了君主与各级主官必须做伯乐，努力求贤、用贤的意义。如何求贤？对执政者的共同要求是"尽卑谦"，这也是历史上广为流传三顾茅庐、扪虱而谈等佳话的原因所在。

二、选贤举能的经典案例

　　历史上的贤能分为多种类型，其中能发现并举荐人才的伯乐尤其受到同时

---

① （汉）董仲舒撰，（清）凌曙注：《春秋繁露》卷七，北京：中华书局，1975年，第229—230页。

代主流社会与史书的赞美，因为其出自公心、胸怀大度，积极主动为国家发现、举荐和保护人才。伯乐是廉洁文化的重要维系力量。

伯乐中的典范会主动让贤，或积极营造条件与氛围，使人才能脱颖而出，甚至超越自己。只要对国家和民众的福祉有利，他们对自己的进退欣然不计。由于权力对人性的侵蚀，加之官位对父母、亲属、朋友而言是一种荣耀乃至无形财富，因此伯乐能够主动让贤，就体现了廉洁奉公之美。比如：春秋时期的管鲍之交、楚庄王及樊姬识别忠奸、宋朝欧阳修爱护苏轼和梅尧臣，都是其中的典型事例。今人读他们的事迹，无不肃然起敬。苏轼、苏辙、曾巩等文坛巨匠，张载、程颢、吕大钧等旷世大儒，以及包拯、韩琦、文彦博、司马光等，都得到过欧阳修的赏识与推荐。因此，宋朝清议与后人评价欧阳修时，几乎都充满了尊敬。

北宋理学家、"海滨四先生"之首的陈襄，一生爱民恤民、举荐贤能、致君尧舜，也是这方面的杰出典范。《宋元学案》卷五《古灵四先生学案》中"熙宁经筵论荐三十三人品目"记载了陈襄举荐司马光等三十三人所列品目。该品目中，陈襄详细列举了被举荐者的品德、才能及其适合的职位，并对他们的特点进行了评价。今简要整理如下：

陈襄"熙宁经筵论荐三十三人品目"举荐用语及理由归纳[①]

被举荐者	举荐用语	理由归纳
司马光	素有行实，忠亮正直，以道自任，博通书史之学，可备顾问	道德、行止、学术
韩维	器质方重，学亦醇正，知尽心性理之说，得道于内，可以应务于外	道德、行止、学术
吕公著	道德醇明，学有原本，事君以进贤汲善为己任	道德、学术，勇为伯乐
苏颂	长于史学，国朝典故，多所练达，可充编撰之任	学术、才干、见识

---

① 详见（清）黄宗羲著，（清）全祖望补修：《宋元学案》卷五，北京：中华书局，1986年，第1册，第233—235页。

续表

被举荐者	举荐用语	理由归纳
孙觉	明经术义理之学,端良信厚,可以镇浮厉世	学术、气质
李常	性行醇正,兼治经术,可比于觉	学术、行止、气质
范纯仁	器识通明,忠义骨鲠,足济大事(以上三人可充侍从)	道德、气质、见识
苏轼	豪俊端方,虽不长于经术,然百氏无所不览,文词美丽,尤通政事	气质、学术、文学、才干。"不长于经术"应是偏见
曾巩	文词典雅,与轼各为一体(二人可备文翰)	文学
孙洙	博学能文,所守亦端,兼明世务,可充史臣	学术、气质、见识
王存	学行素著,方重有守,不为势利所迁	学术、气质
顾临	才豪气刚,兼有识略,喜于闻过,可属以危难之事	才干、气质、见识
林希	少有文行	文学
李师中	人多称其有才,可当边帅	才干
傅尧俞	以义去就,有古诤臣风	道德、气质
胡宗愈	文醇行循,兼明经术(以上三人,以言事未蒙宥复)	文学、道德、学术
王安国	材器磊落,罪废不忘进学	才干、气质
刘挚	性行端醇,词学渊远	气质、文学
虞太熙	治经有行,不苟于进,可充台阁	气质
程颢	性行端醇,明于义理,可备风宪	气质、学术
刘载	少治经术,兼有文行,可备台阁	学术、文学
薛昌朝	才质俱美,持守端直,可置台阁	才干、气质、道德
张载	养心事道,不苟仕进,西方学者,一人而已	道德、气质
苏辙	学与文若不逮轼,而静厚过之	文学、气质
孔文仲	性行淳粹,文章正直	道德、文学
吴贲	以孝行闻,治经学,尤尽心于民政	道德、学术、才干
吴恕	器识醇深,学通义理	气质、学术、见识
林英	和而不随,直而不挠	气质、道德

续表

被举荐者	举荐用语	理由归纳
孙奕	士行着于乡间，节义信于朋友，所至以善政闻，可当一路	道德、才干
林旦	通晓民政，兼有持守	道德、才干
邹何	操履端方，吏才通敏	道德、才干
唐坰	性虽轻脱，才干明敏	才干
郑侠	愚直敢言，发于忠义	道德

从举荐用语可以看出，道德、才干、学术和气质是陈襄举荐人才的主要标准，这体现了儒家"选贤与能"的理念。这33人中的一部分人后来成为了能臣大儒，如司马光、苏轼、程颢等，对北宋及后世的政治、文化产生了深远影响。陈襄的举荐为北宋的政治文明与廉洁文化建设提供了重要支持。

全祖望极为赞同陈襄"讲学，以诚明为主""立朝，尤以荐贤为急"的观点。他还罗列了陈襄在《与陈安抚荐士书》中举荐的9人（包括胡瑗、王安石、刘彝等），在《与韩丞相荐士书》中举荐的17人，在《与蔡舍人荐士书》中举荐的8人，以及从事修起居注后举荐的9人。陈襄的举荐涵盖了一大批北宋的贤才能臣，仅极个别后来辜负了他的期望。他堪称宋朝第一伯乐，是古代伯乐的典范。

不需要被举荐者知晓的伯乐是最令人敬佩的，例如两宋之交的名臣陈与义。《宋史》记载：

> 与义容状俨恪，不妄笑言，平居虽谦以接物，然内刚不可犯。其荐士于朝，退未尝以语人，士以是多之。[1]

陈与义天资卓伟，进士甲科出身，先后受到徽宗和高宗的赏识。在高宗时期，

---

[1] （元）脱脱等：《宋史》卷四百四十五，北京：中华书局，2000年，第10218页。

他因调和主战丞相赵鼎与高宗的关系而受到重用,曾任参知政事。他作为伯乐,达到了不求为人所知的境界,这为他赢得了士林更高的评价与皇帝更多的信任。

中华文化崇尚无私地为国家举荐贤能、栽培后进甚至主动让贤的行为,鄙视并批判嫉贤妒能的行为。历史上那些不仅自己德才兼备、能识别忠奸贤愚,还能超越各种私利和人情,积极主动为国家、地方公平公正举荐、栽培优秀人才的伯乐,是国家政治文明中最为宝贵的力量,也是廉洁文化形成与维系机制有效运转的重要保障,若能匹配相应的政治生态与制度,他们便能更好地为优秀官员的脱颖而出提供强力支持。毕竟在大一统的国家中,官员选举主要是一种自上而下的权力运作过程。因此,使具有举荐权力的官员成为公忠体国的伯乐,在古代廉洁文化建设中十分重要。

第五节　对外交往中能否坚守邦国尊严

得益于得天独厚的自然与人文地理条件,以及以儒家文化为主要内容的精神家园,中华文明成为人类文明中唯一没有中断的文明。这使中国在历史上多数时期都是世界一流强国。中华民族对自身历史文化的自信心、自豪感极强。在对外交往中,当官员士大夫在代表邦国履行公职时,必须坚守自身尊严,这是古代中国作为文明礼仪之邦赋予官员士大夫的一种义务。这个道德义务要求官员们在外交、商贸等和平交往中要体现自身的价值观和礼仪之邦的盛德威仪;在战争冲突中能够坚守"富贵不能淫,贫贱不能移,威武不能屈"的气节,至少不能出现有损人格与国格的变节投降行为。古代中国廉洁文化的形成与维系机制通过以下方式在外交方面发挥作用。

一、赞美、奖擢、旌表英雄

春秋时期的晏子，汉朝的张骞、陆贾（出使南越）和苏武，唐代的温彦博、田归道，宋朝的富弼、李若水、傅察，以及明朝的傅安，都是中华民族优秀的外交家。对这些官员士大夫的崇敬与效法，是源远流长的爱国主义的重要体现，深刻影响了晚清以来中国优秀士大夫与知识分子的人生选择。

晏子使楚，以其聪慧和凛然正气，挫败了楚国君臣设计的贬低他与齐国的阴谋，令后人赞叹不已。

秦汉之际，赵佗在南越称王，妄自尊大。陆贾奉汉高祖之命出使南越，当时汉朝百废待兴，北有匈奴威胁，外交谈判并不占优势。但他凭借自信与诚恳，彰显汉朝的软硬实力，恩威并施，使桀骜不驯的南越王心悦诚服，臣属汉朝。迫切希望南方无战事的汉高祖龙颜大悦，给陆贾加官晋爵。文帝继位以后，赵佗再度生出野心，自称南越武帝，陆贾再次奉命出使南越，配合文帝的书信与汉朝的友善举措（如修复赵佗先人坟墓、厚待其兄弟），成功说服赵佗取消帝号，永为藩臣。[1] 后人对陆贾极为尊敬。

初唐名臣温彦博，对国家无比忠诚，曾在战争中被突厥俘虏，但绝不出卖国家机密，被囚禁于阴山苦寒之地仍不动摇，直至被放还。他回朝之后，太宗立即予以重用。[2]

初唐大臣田归道出使突厥，落入反复无常的默啜可汗之手，几乎遇害。但他不屈不挠，谴责默啜并陈以利害，最终说服其放弃反叛。归国后，他积极建言，认为默啜本性不可靠，必须巩固边防。后默啜果然再度造反，田归道因此受到提拔与重用。[3]

历史上临危受命，为国家挽回尊严与利益，故事性最强、记述最生动的当

---

[1] （汉）司马迁：《史记》卷九十七，北京：中华书局，1959年，第2697—2698页。
[2] （宋）欧阳修、（宋）宋祁：《新唐书》卷九十一，北京：中华书局，1975年，第3782页。
[3] （宋）欧阳修、（宋）宋祁：《新唐书》卷一百九十七，北京：中华书局，1975年，第5624页。

属北宋名臣富弼的事迹。史载，由于北宋君臣不擅战争，当契丹屯重兵于边境并派使节无理索要土地时，北宋君臣惶恐不安，以至于朝廷要派遣人员出使契丹时，无人站出来应承。时任知制诰、纠察在京刑狱的富弼因直言无忌已令重臣吕夷简不满，吕夷简便推荐他出使。欧阳修担忧富弼此行凶多吉少，劝他别去。但富弼以儒家"主辱臣死"之大义接下任务，不仅挫败了契丹使者萧英、刘六符的威风，还打动萧英透露了契丹的谈判底牌。他斗智斗勇，最终说服契丹人几乎放弃所有无理要求，最大限度地维护了北宋的尊严与实际利益。皇帝欲为他加官升位，他又以"此乃臣子本分"为由屡次拒绝。直到皇帝表示"此朝廷特用，非以使辽故也"，他才最终接受。①

宋朝靖康之难前后，矢志效忠故国的英烈不少，兹举两例。

李若水，洺州曲周县（今河北曲周）人，是靖康之耻前后北宋与金朝的外交中让人肃然起敬的忠烈之士。李若水时任太学博士，以著作佐郎和礼部侍郎的身份陪皇帝与金军悍帅粘罕周旋。在昏庸的徽、钦二宗因宠用奸佞、排斥忠良而导致汴梁沦陷、自身沦为阶下囚的背景下，这种交往自然凶险万分。李若水以凛然正气面对粘罕，最终舍身成仁。事实上，金人虽残忍杀害了他，却从内心深处尊敬这样的人。后来，高宗即位，称赞李若水的忠义之节无人可比，特赠观文殿学士，谥号忠愍。

傅察字公晦，孟州济源（今属河南）人，是北宋名臣傅尧俞的从孙。他十八岁登进士第，历官至兵部、吏部员外郎。在国家危难之际，他继续履行出使之责，被金人抓获并以死相迫。但他绝不失节，最终被恼羞成怒的金朝太子杀害。他的事迹闻之者悲伤，却又带给人勇气。

明代，傅安为明朝与帖木儿王朝关系的恢复和发展作出了积极的贡献。洪武二十八年（1395），明太祖派傅安率领外交使团，携带国书出使撒马尔罕，商议邦交之事。然而，另有所谋的帖木儿却将使团扣留，并派人带他们遍历西域诸国，行程数万里，以夸耀其国土辽阔，企图震慑傅安，迫使其屈服。傅安

---

① （元）脱脱等：《宋史》卷三百一十三，北京：中华书局，2000年，第8266—8267页。

识破了帖木儿的狼子野心，决心不辱使命。帖木儿软硬兼施，傅安备受折磨，但始终坚守气节，决不投降。

永乐初年，帖木儿的孙子哈里勒·苏丹继位。他不想和明朝作对，于永乐五年（1407）六月派遣使者虎歹达护送被扣留13年之久的傅安回国，并向明成祖表示愿意恢复与明朝的友好关系。明成祖非常高兴，命礼部官员厚待来使，双方重新建立了友好关系。

明代文学家陈继儒在《见闻录》中记载：傅安被扣留"凡十三年，艰苦备尝，志节益励"，始终拒绝劝降。出使时"方壮龄，比归，须眉尽白"。傅安归国后，又多次奉命出使西域，可谓明初最活跃的外交使者之一，其历史功绩不可磨灭。洪熙元年（1425），傅安以其年高多病不能任事，恳请辞官回乡休养。明仁宗朱高炽念其通西域有功，特赐他一品官服，准其辞官还乡。宣德四年（1429），傅安病逝于家中。这位历经数朝的功勋外交家，最终走完了辉煌的一生。

二、宽贷、礼遇、敬重对手或他国忠烈

中华文明历来重视道德伦理，不仅赞赏自己国家的杰出外交家，也尊重他国有着同样品行的人。在国家或政权进行竞争或较量的过程中，矢志效忠故主、故国的忠烈之士，往往会受到宽贷、礼遇甚至敬重。这种态度不仅体现了对个体人格的尊重，也为廉洁文化建设提供了道德典范。在乱世中，有志者"各为其主"，在道德上不仅无可厚非，其拒绝为了利益或求生而背弃故主或故国，反而展现出难得的忠诚和高贵的人格。宽贷、礼遇甚至敬重这类人，既能彰显政权的道德高度，又能为廉洁文化建设注入正能量。

（一）周武王与比干、箕子

据《逸周书·克殷解》记载：周武王率领正义之师在牧野击败纣王军队，在商民、群臣的簇拥下进入朝歌，登上鹿台，处决了纣王和妲己，并在社稷庙

举行仪式，宣告以仁政取代暴政。殷商末期，箕子、比干对纣王的暴政进行了或温和或激烈的谏诤，试图力挽狂澜。这样的忠诚令武王敬佩，因而他"乃命召公释箕子之囚……乃命闳夭封比干之墓"①。周武王对箕子和比干的敬意，不仅是对忠烈之士的褒扬，也彰显了周朝以仁德治国的理念，为周朝上下形成同心同德、众志成城的凝聚力及文化建设提供了重要的精神力量。孔子继承了这种思想，他认为志士仁人应"杀身以成仁，无求生以害人"，因而在《论语·微子》中称赞微子、箕子、比干为"三仁"。

（二）姜太公与伯夷、叔齐

据《史记》记载，伯夷、叔齐因听闻周文王敬老养老的仁政而决定前往周国考察，途中听闻文王逝世，又恰逢武王伐纣大军，于是以孝忠之道叩马质问。姜太公不仅没有因为此事加害伯夷、叔齐，反而视他们为"义士"，对其礼遇有加。此外，尽管他们的行为带有一定的局限性，但司马迁在《史记》中也对二人的忠贞表示敬重。

（三）秦哀公与申包胥

春秋后期，伍子胥为报父兄之仇而兴吴灭楚，率领吴军攻入郢都，并对楚平王鞭尸。其友申包胥坚决反对伍子胥为报私仇不惜消灭自己祖国的行为，矢志光复楚国。他赴秦廷痛哭七日，最终感动秦哀公派出援军，联合楚军击退吴军。在这个事件中，秦哀公愿意出兵助楚，有效地向秦国臣民传递出忠君爱国的核心价值观。

（四）楚王与巴蔓子

据《华阳国志·巴志》记载，战国时期，巴国发生内讧，国君无力平叛。巴国将军巴蔓子为了尽快平息内乱，私下去楚国，许诺献出三座城池，以向楚

---

① 黄怀信等：《逸周书汇校集注》卷四，上海：上海古籍出版社，1995年，第379—380页。

国借兵。事后，他献出自己的头颅，交给索城的楚使，希望以此保住巴国三城。楚王为其忠诚所感动，不仅放弃索要城池，还以礼安葬其头颅，巴国则以卿礼厚葬其身。

（五）朱元璋与蔡子英

蔡子英，元至正年间进士，被察罕贴木儿辟为参军，累迁行省参政。徐达攻占元大都，子英追随王保保退守定西，兵败后隐居南山。朱元璋遣人找到了他，押送途中，他拒绝向汤和下跪，即使遭火烧胡须亦不为所动。到了南京，朝廷派人为他治病、厚待他并授予官位，但被他拒绝。他给朱元璋上书表示不愿以死沽名，亦不愿苟且偷生，请求放归故土：

> "陛下乃待臣以礼，沐臣以恩，臣固不敢卖死以市名，然亦不敢全身以苟禄。若察臣之愚，全臣之志，禁锢海南，以终薤露之命，则虽死于炎瘴亦感恩极矣。……"
> 上览奏而益重之，命馆于仪曹。忽一夜大哭不止，人问之故，子英曰思旧主耳。语闻，上知其志不可夺，敕有司送其出塞。①

由上引可见，朱元璋为蔡子英的忠诚所动，最终不仅批准了他的奏请，还命人送他北归。这也从侧面反映出元朝的汉化、儒化政策取得了一定成效。

三、投敌变节者被当世鄙视、受历史鞭挞

爱国主义始终是中华民族的重要精神力量。忠孝之道是社会的核心价值，所以凡为了私利私欲投敌变节，都被视作严重的失德行为。如果投敌变节是在没有生死威胁情况下的主动行为，甚至甘当他国鹰犬，对故主故国故土滥施淫

---

① 《明太祖实录》卷一百一十，红格钞本。

威，则表明当事人的官德、人格已极度败坏，属于"十恶"之一的"谋叛"之罪。历史上，对此类人和事通常施以最严厉的法律制裁和道德鞭挞，并通过史书和文学艺术使其恶名昭彰，以警示后人。比如《新唐书·叛臣列传》中的仆固怀恩、周智光、梁崇义等人，《宋史·叛臣列传》中的张邦昌、刘豫等人，史书对他们的生平进行了详细记载，使其恶行昭然于世。这些人被永远地钉在了历史的耻辱柱上。此外，还有吃里爬外的奸臣秦桧夫妇，以及罗织岳飞父子罪名的帮凶张俊、万俟卨，他们的恶名人尽皆知，他们的跪像位于岳飞庙内，成为历史对奸臣永恒的警示。其他朝代的投敌变节者，亦难逃历史的审判。孔子作《春秋》的主要目的便是"使乱臣贼子惧"，这也成为中国史学极为重要的价值追求之一，值得永远坚守。

第四章 构筑优良政治生态

第一节 皇家教育与管制

在古代政治体制中,君王的素质对包括构建廉洁文化机制在内的所有政治活动具有重要意义。"天下为公"的观念对天子及皇亲国戚提出了最高的要求和期待。例如,汉代董仲舒曾有一段生动的论述:

> 古之造文者,三画而连其中,谓之王。三画者,天地与人也。而连其中者,通其道也。取天地与人之中以为贯而参通之,非王者孰能当是。……天常以爱利为意,以养长为事,春秋冬夏皆其用也。王者亦常以

> 爱利天下为意，以安乐一世为事……①

这段论述，首先赋予君王连接天、地、人的崇高地位和责任，进而强调了以仁治理天下的重要性，指出君主应将爱利、养长、安乐作为对待民众的基本态度。最后，董仲舒将君主的好恶喜怒与春夏秋冬作比，指出君主应以"义"驾驭自己的情感。这些内在要求正是符合天地之道的人间之王的标准。若君王能符合这一标准，万物将能得到化育，天下将会安宁和睦，国家将会长治久安，民众将能安居乐业，国家将能成为四方仰慕的文明礼仪之邦。古代中国的这种状态即为治世。中华政治文明建设的重点和执政者所需之品德，均与此密切相关。在宋儒的研究中，古代中国很早就形成了以皇家教育培养皇帝及其子嗣的观念与制度设计。例如，程颐曾指出：

> 三代之时，人君必有师、傅、保之官。师，道之教训。傅，傅之德义。保，保其身体。后世作事无本，知求治而不知正君，知规过而不知养德。②

三代时期的中国，王宫中设有师、傅、保之官，分别负责教导君王道义、培养德行、保护身体。宋朝设有经筵官，为皇帝讲授经史。程颐主张皇帝的言行举止不应回避经筵官，以便讲官能随时规劝、及时谏止。事实上，他本人也正是这样做的。

根据儒家伦理，以德礼为先（即建立普遍自律）来治理天下与国家，符合国家的整体利益和长远利益。皇室成员有责任和义务在伦理道德、言行举止上为臣民做表率，事实上，他们也确实具有巨大的影响力。《礼记》有云：

---

① （汉）董仲舒撰，（清）凌曙注：《春秋繁露》卷十一，北京：中华书局，1975年，第401—403页。
② （宋）朱熹、（宋）吕祖谦撰，张京华辑校：《近思录集释》卷九，长沙：岳麓书社，2009年，第732页。

> 天子听男教，后听女顺；天子理阳道，后治阴德；天子听外治，后听内治。教顺成俗，外内和顺，国家理治，此之谓盛德。①

由于家国一体，天子的齐家目标与众不同：天子是所有男子的榜样，皇后是所有女子的榜样。正如普通家庭中男主外、女主内，天子负责处理朝廷的事务，皇后则负责后宫内的和睦。通过明确的职责分工与合作，国家能够形成良好的风气和礼俗，家事、国事均能井井有条。其中也暗含了后妃及外戚不能随意利用自己的特殊地位干预政治的规定。显然，皇室主要成员必须承担与其权力、地位和影响力相匹配的责任，为其他家庭树立廉洁奉公的榜样。作为天子在朝廷和各地的代言人，每一位官员同样必须承担与天子同质的齐家责任。尤其是各地的长官，其家庭被视为管辖区域内官民心中的模范家庭，他们更需以身作则。

孔子所言"君子之德风，小人之德草，草上之风必偃"，最大的"风"往往来自掌握权力的皇室与官员。在古代社会，信息传递极为不便，一般人群或个体的故事很难被全体官民关注，但皇家和受人敬爱的官员不同，这一群体是国家全体官民利益与情感的天然聚焦点。

一、皇家教育

皇家教育，通常指发生在特定场所中，以皇室成员为对象，按照规范程序与仪式开展的教育。皇家教育对皇帝与皇室成员能否成为天下臣民效忠与效仿的礼仪道德典范具有重要作用。皇帝与皇室成员的道德水准和言行举止，能反映出廉洁文化形成与维系机制运转的外在政治生态。因此，在中国古代历史上，信奉儒家学说的王朝普遍重视皇家教育。一般而言，存在时间较长的朝

---

① （清）孙希旦撰，沈啸寰、王星贤点校：《礼记集解》卷五十八，北京：中华书局，1989年，第1422页。

代，其皇家教育体系往往更为完善。皇家教育的主要目标是培养皇室成员对内遵循三纲五常、和睦相处，对外成为臣民言行举止表率的道德模范。

历史上的皇家教育，其外延有大有小。一些朝代设立了专门的宗学以培养皇室成员。宗学起源于汉代，汉平帝时期，最早设置宗师一职，负责教育宗室子孙。北魏孝文帝时期，设立了皇宗学。唐高宗时期，为宗室及功臣子孙设立了小学。宋元丰六年（1083），宗学分小学与大学，学生最初仅限于"南宫北宅"的皇室子孙，后来扩大到其他宗室成员。明朝宗学规定，学生应学习四书、五经、史鉴、《皇明祖训》等。

翻阅史册，许多德高望重的名臣，尤其是被列入"儒林传"者，多有辅导君王、太子及其他皇室成员的经历，其中不乏令今人动容的佳话。东汉光武帝与明帝对桓荣的尊崇，便是一个典型的例证。

据《后汉书》记载，桓荣出身贫寒，师从博士九江朱普，精通《欧阳尚书》。王莽执政前后，天下动荡，桓荣长期流离失所，但他始终坚持聚徒讲学，坚守学问，甚至十五年未曾归家，其坚韧的意志力可见一斑。东汉建立后，太学生出身的刘秀大兴儒学、推崇气节，使东汉成为儒学繁盛的时代。光武帝建武十九年（43），已经六十多岁的桓荣被大司徒府征辟，随后被任命为太子的老师，因其学问与气质俱优，长期受到皇帝和太子的高度礼敬。明帝继位后，对桓荣更加尊崇与厚爱，甚至连大将军等权贵在探望病中居家的桓荣时，也不敢乘车到门，皆拜于床下。

又如宋真宗与邢昺。据史书记载，邢昺生活在太宗、真宗时期，不仅辅导两代君王学习儒家经典，传道授业解惑，还惠及诸王和国子监学生。他与太宗、真宗建立了深厚的君臣感情。作为一代宗师，皇室成员经常登门向他请教，而他则诲人不倦，授以君臣父子之道。他的要求和愿望，君王也尽量满足——除了加官晋爵，厚加赏赐，还赐其妻子冠帔，使其与邢昺同沾君恩、共享荣耀。此外，邢昺去世后，真宗甚至将《礼选赞》专门誊写两本，一本赐其家，一本随葬，以陪伴这位于皇家教育有突出贡献的重臣。

宋仁宗与孙奭也堪称典范。孙奭，字宗古，北宋学者、教育家。孙奭自幼在经学方面有着非凡的领悟力，因而很快享誉一方，后经学考试及第，在国子监任职。真宗听了他的课后十分钦佩，将其提拔为诸王府的侍读，真宗这么做显然是希望皇家子弟皆能受其教益。他曾以纳谏、恕直、轻徭、薄敛四事纠偏君德，皇帝"颇施行焉"。仁宗即位后，他继续担任帝师。仁宗听课不专心时，他便拱手、沉默以待，皇帝因此自感惭愧，专心听讲。为避免君权旁落，引发纷争，他劝仁宗每日御殿，以览万机，遂深受皇帝和太后的敬重、礼遇。

宋朝类似邢昺、孙奭的士大夫不胜枚举，他们通过皇家教育这一渠道，对皇室成员产生了广泛而深刻的正面影响。

再看清朝康熙皇帝对熊赐履的礼遇：

> 举经筵，以赐履为讲官，日进讲弘德殿。赐履上陈道德，下达民隐，上每虚己以听。……四十五年，乞归江宁。比行，召入讲论累日。……四十八年，卒，年七十五，命礼部遣官视丧，赐赙金千两，赠太子太保，谥文端。五十一年，上追念赐履，知其贫，迭命江宁织造周恤其家。①

熊赐履，湖广汉阳府孝感人，祖籍南昌，清代大儒、名臣。虽非完人，但在清朝前期无疑属于一流人物，否则康熙不会器重并多次重新起用他，还任命他为经筵讲官。究其原因，康熙好学，志在成为一代明君，他本人及皇室需要熊赐履这样的儒臣的熏陶。熊赐履在学问、风度、气质、表达上有令康熙钦佩之处，因此康熙对这位善于讲论的儒臣、帝师给予了极高的荣宠。

皇家教育旨在使皇帝、太子具备"内圣外王"的素质，使皇室成员懂得高雅的礼仪，从而垂范天下，引领臣民乃至外族。皇家教育过程中的老师、陪侍人员必然由德才出众者担任，这些人与皇室核心成员结成良师益友的关系，十分有利于君王成为符合国家需要的开明君主，并为君臣良性互动创造最大可

---

① （清）赵尔巽等：《清史稿》卷二百六十二，北京：中华书局，1977年，第9893—9894页。

能。作为文明礼仪之邦，我国历朝历代都非常重视对皇家子弟灌输"礼"的知识与仪轨。

二、皇家管制

所谓皇家管制，主要是指天子"齐家"的刚性部分，即对除皇帝以外的所有皇室成员（及其仆役）按照国家典章制度和皇室典则、条例加以管理和约束。在"家天下"的背景下，管束皇室、皇族（含外戚）成员，使之成为国家、社会的正能量载体，这在短期内尚可，但想要长期取得良好成效则极为困难。如何避免这一日益庞大的人群凭借其特殊身份作奸犯科，并尽量确保其循规蹈矩，是廉洁文化形成与维系过程中不容忽视的重要问题之一。这不仅关系皇室成员自身，而且由于他们与官员士大夫甚至普通家庭存在婚姻、亲属关系，影响会扩大至皇室之外，因此皇室成员的德行对廉洁文化形成与维系机制能否正常、有效运转十分重要。如果说"君子之德风，小人之德草，草上之风必偃"，说明了君子作为道德高尚者在社会中的引领作用，那么，"楚王好细腰，宫中多饿死"，则说明了位高者能轻易左右社会价值取向与风尚。管束皇室、皇族，主要依靠皇室尤其是皇帝本人的自我约束，其次依靠皇室和国家的制度安排，再次依靠君臣之间的良性互动。特殊情况下，则有赖于内忧外患形成的巨大压力（包括"清议"的力量）。总之，这绝非易事。

就皇家而言，所谓管制，包含两层含义：一方面，皇室成员言行举止必须符合规范，养成良好的道德品行；另一方面，不得在家庭、封地或官场中倚仗身份作威作福，欺良霸善，更不可对皇位产生非分之想。这种规范对廉洁文化的形成与维系机制至关重要——它不但关乎相关机制能否有效运行的外部环境，同时也关系到机制核心动力源的形成。只有君主坚持接受忠臣建议，限制皇室（宗室）成员的政治地位并对其进行宽严适度的约束，廉洁文化形成与维系机制才能顺畅运转。例如，史书记载，唐武德年间，宗室子弟皆封王。太宗即位以后，与群臣讨论是否沿袭这一做法。封德彝等人明确反对。他们认为，不论亲疏与功绩都封王，是"以天下为私奉，非所以示至公"。太宗回应："朕君天下以安百姓，不容劳百姓以养己之亲。"① 于是，疏远的宗室成员皆降为公，唯有功者不降其爵位。这段记载反映了明君贤臣对皇室权力加以限制的价值观——皇室成员的荣辱固然不容忽视，但必须得有一个限度，圣王之志在于实现"至公"，即普通百姓的安居乐业，这才是最重要的价值。因此，"以天下为私奉"是不符合正道的，而太宗和封德彝等人的做法均堪称典范。

君王想要合理、有效地管束家庭成员和亲属，远比普通家庭困难。从文献记载来看，即使是历史上公认的明君，在齐家方面的表现也难得完美。以周文王为例，他在齐家方面已属典范，他的妻子是历史上著名的贤后太姒，但他们的孩子在后来的表现却大相径庭。其中既有被后世视为君臣典范的武王、周公，也有勾结武庚、因觊觎王位而发动叛乱的管叔、蔡叔，这两位兄弟迫使周公不得不东征平叛。

对贵为金枝玉叶的皇室公主的管束也是一件既重要又困难的事情。她们婚前是备受瞩目的皇室成员，言行举止代表皇室女性的懿范，对天下女性影响深远；她们下嫁后，夫婿亦多为重要士大夫或其子弟，对夫家和婆家均有重大影响。如何培养和管束公主，考验着君王及其亲属。以唐太宗的女儿襄城公主、长乐公主为例。《新唐书》记载：

> 襄城公主，下嫁萧锐。性孝睦，动循矩法，帝敕诸公主视为师式。②

明智的帝王不会纵容公主下嫁以后不守家庭礼法的行为，反而会严加管束。襄城公主被太宗树立为公主的楷模，高宗对这位德高望重的姐姐也十分敬爱。

---

① （宋）欧阳修、（宋）宋祁撰：《新唐书》卷七十八，北京：中华书局，1975年，第3528—3529页。
② （宋）欧阳修、（宋）宋祁撰：《新唐书》卷八十三，北京：中华书局，1975年，第3645页。

再看长乐公主，因太宗宠爱长孙皇后，作为长孙皇后的女儿，其嫁妆比已出嫁的长公主多了一倍。魏征表示反对，并以东汉明帝为例。太宗把此事告诉了长孙皇后，她对魏征赞赏有加，认为他是难得的忠臣。太宗最终采纳了魏征的建议，并重赏他。这一事件无疑是君德、妃德与臣德良性互动的经典案例。此事的基础在于三人皆重视礼法。太宗欲体现夫妻恩爱，魏征则坚持不可逾越礼制，皇后则深明大义，其"与天下为公"的理念彰显了克己奉公的廉洁文化内涵。

皇家教育与管制绝非易事，在君臣互动中，大臣对君德的引领与纠偏至关重要，但也极为艰难与凶险。刚愎的君主视之为家事，不容外人置喙，因此谏诤者往往会付出惨重代价；开明的君主虽会听取谏言，但其忍耐度有限。明世宗15岁登基，表面开明，骨子里固执。起初出于对杨廷和等大臣拥戴他上台的感激和太后对杨廷和的支持等因素，他在"大礼议"中表现出对杨廷和等大臣的宽容，但最终依靠张璁、桂萼等人贬黜了杨廷和等人。这是大臣试图引领、纠偏君德却付出惨重代价的典型案例。当然，有时臣德也能成功引领君德。例如，魏义侯是战国初期著名的贤君，其君德的养成很大程度上得益于魏成子举荐的卜子夏、田子方、段干木。魏文侯以弟子礼对待这些贤人，"过其间必式"[①]。

在古代中国，为影响君德或发挥帝师作用，士大夫常主动为君王编纂优质读物，如唐代魏征、褚亮、虞世南等编撰《群书治要》，宋代司马光、范祖禹等编撰《资治通鉴》等。这也是臣德引领、纠偏君德的重要方式。及时纠正君德，有助于实现皇家管制与教育，引领皇帝践行廉洁文化。

历史上，管束后妃能有效避免外戚干政，对廉洁文化机制良性运转所需的政治生态建设影响深远。君主应该如何与后妃相处？这既取决于君主自身的素质及其所奉行的帝后相处理念，也与后妃的品性密切相关。在皇帝素质高的情况下，皇帝往往可以约束住后妃，但如此成熟的皇帝并不多见。更糟且更普遍

---

① （宋）苏辙著，舒大刚等校点：《古史》，成都：四川大学出版社，2016年，第231页。

的情况是皇帝平庸、糊涂甚至刚愎自用，此种情况下即使后妃贤能，其匡正君德的作用亦有限，平庸的后妃在纠偏君德方面更不可能有所作为。而最糟的情况是昏君暴君与品性低劣的后妃狼狈为奸，这使廉洁文化形成与维系机制运转遭受严重破坏。

在历史上，宋朝与明朝对后妃的约束相对较为成功，尤其在防止外戚干政方面成效显著。以明朝为例，朱元璋自开国之初便对后妃与外戚严加约束，家法与国法均明确规定了其行为规范。从整体上看，明朝后妃、外戚比较有规矩意识，他们在多数时候没有对国家廉洁文化建设和政治生活产生负面影响。且在一些历史关键时刻，后妃往往能够产生积极影响。例如，马皇后规劝朱元璋减少滥杀；仁宗张皇后支持"三杨"（杨士奇、杨荣、杨溥）执政；宣宗孙皇后在土木堡之变后坚定支持于谦；孝宗张皇后支持杨廷和主政，助朝廷度过武宗暴亡无子的危机；穆宗李皇后严格教子，并支持张居正变法。明朝能如此"幸运"的原因在于，开国皇后马氏以贤德闻名，她开创了主动配合君主严控外戚染指政治的传统，规定马家的人不得以"奉朝请"的名义出入宫廷，使外戚与后妃勾结的基本条件丧失。明成祖以后，皇后多出自非达官显贵的儒学之士家庭，其父兄初次封赐时便不会得到过高的地位，即便日后晋升，也不易滋长骄狂之气。作为皇后直系亲属，国家虽在经济上给予他们优待，但严格限制其权势，防止其胡作非为。

与本节讨论相关的另一问题是皇室仆从（主要为服务皇帝、太子及后妃的宦官）的管制问题，历史上相关经验教训良多。因为这个群体本为奴仆，无法定权力，虽然历史上不乏良善之辈，但整体素质不高。他们中的一些人之所以能在某些时期从奴仆变成事实上凌驾于士大夫之上的"主人"，实际上是狐假虎威，利用了皇帝的权力。而皇帝素质难以保证，这是古代"家天下"制度无法避免的局限。历史上常有宦官通过利用、迎合皇帝的怠惰、阴暗心理，成为其信赖之人，从而获得地位和权力。这种情况必然导致不同程度的宦官专权。他们甚至可以利用君王的幼小、无知以及皇室内讧，隔绝内外，达到手握王爵、口含天宪、废立君主的目的，东汉和唐朝就是如此。明代四大宦官虽然不能废立皇帝，但也一度凌驾于百官之上。

宦官嚣张跋扈，对廉洁文化的危害主要有以下两个方面：其一，宦官离皇帝较近，容易使其偏离正道，对士大夫廉洁文化的生态环境构成严重威胁，臣德和君德良性互动亦难以实现。其二，宦官的主要政治对手多为贤士大夫，其同盟者通常是士大夫中官德有亏者，因此，宦官得势与跋扈意味着朝廷和地方官中的贤士大夫会受到更沉重的摧辱与打压。此外，即使宦官并没有与士大夫发生尖锐冲突，其专权仍会对廉洁文化构成威胁。

顾炎武在对比古今后，对如何有效管束后妃与宦官提出了以下见解：

> 阉人、寺人，属于冢宰，则内廷无乱政之人；九嫔、世妇属于冢宰，则后宫无盛色之事。……后之人君，以为此吾家事，而为之大臣者亦以为天子之家事，人臣不敢执而问也。其家之不正，而何国之能理乎？[①]

顾炎武总结历史指出，先秦时期，冢宰曾被赋予管束与教诲的权力，但后世君主视其为家事，不容外人干涉，此制度遂未能延续。历史上冢宰过问甚至管制君王后妃的制度是否真实存在，史籍记载多语焉不详，但可以肯定的是，冢宰（宰相）权力的逐步削弱与废除，的确增加了君权失控，以及谄附其下的恶势力崛起的可能性，甚至使得君德下滑、君德与臣德的良性互动受阻，由此，廉洁文化建设和维系所需的生态环境恶化。

第二节　容忍与采择清议

古代廉洁文化的形成和维系，离不开清议的支持。清议原指对时政的议

[①] （清）顾炎武：《日知录》卷五，见《顾炎武全集》，上海：上海古籍出版社，2011年，第18册，第220—221页。

论，也指社会舆论（不包括谣言、诽谤和邪教妄言），其起源可追溯至先秦时期。两汉时期，儒学复兴，儒家选举观念及察举、征辟制度对士大夫风气产生深刻影响，士人更加注重道德修养与声望，清议的力量愈发强大。尤其是在东汉时期，宦官与外戚专权，朝政腐败，国势日危。希望挽救国家危机的士大夫们将非议与弹劾的矛头直指外戚，虽付出了惨重代价，但仍然前仆后继。随着宦官势力更加强势地崛起，以太学为主要阵地，士大夫和太学生展开了以品评当时的政治人物为主的舆论活动，矛头直指宦官专权。他们高调推崇士大夫当中道德声望高的清流名士，希望他们能够主持朝政，扭转乾坤，恢复政治清明。但他们最终被昏君（桓帝、灵帝）严厉镇压。本书所称之"清议"，主要指与此类似的、由朝野士大夫和关心政治的学子们发起的具有公允性、正能量的人物评价。事实证明，历代清议都是廉洁文化形成与维系的重要力量。但清议要发挥作用，需要君王具有宽厚胸襟，容忍其言论中的锋芒与愤懑，并及时采纳其合理诉求。这对君王而言，并非易事。

在儒家的理念中，尊重、倾听天下臣民对社会公共利益和政治生活中重大事务的意见和诉求，既是验证执政者是否践行"天下为公"理念的大前提，也是其执政正义性与合法性的关键依据。若无此胸襟、气度及相应制度安排，仁政或开明政治便无从说起。

清议的主要作用在于通过褒贬反映官民对政治得失的感受，评价在职官员的清浊贤愚，从而起到支持、旌扬清官循吏，反对、鞭挞贪官恶吏的作用。但清议能否发挥作用，关键在于君王能否在众多言论中辨别并采纳正确的建议。历史上完全排拒清议的君王非常罕见，非常重视并且能采纳合理的清议评价的君王亦不多，但可以肯定的是，清议始终在发挥激浊扬清的作用。历史上典型的清议运动有不少，比如东汉太学生反对外戚宦官专权，推崇李膺、陈蕃、王畅、范滂等贤士大夫。两宋时期的"公议"也十分有力，大批士大夫乃至世家子弟参与其中。明朝前期的清议有力支撑了约一个世纪的吏治清明，中后期则有"大礼议"事件，以及东林党对抗魏忠贤及其阉党祸国行径的政治活动。历史上清议对朝政的影响力主要取决于当时的政治生态，有的维护了正气，有的则以悲壮结局告终。

　　对于志在实现国泰民安的政治家来讲，想要采择"清议"与"公议"并非易事。舆论往往出自各种动机，混杂各种声音，天子、执政大臣或任何一个有举荐权力的官员，都需要具备分辨力，才能不被其中的错误信息误导。对此，古人早有专门论述：

　　　　文王问太公曰："君务举贤，而不获其功，世乱愈甚，以致危亡者，何也？"太公曰："举贤而不用，是有举贤之名也，无得贤之实也。"文王曰："其失安在？"太公曰："其失在好用世俗之所誉，不得其真贤。"①

　　事实上，古代举贤对包括皇帝在内的所有官员的识人能力都是一大考验。例如，一些人才或因品性孤高，或因见识超群，或因德行出众，遭人妒忌，或因政见损害既得利益者的利益，而遭毁誉，从而被埋没。这里太公告诫文王，想要判断贤与不贤，君主与官员须具备慧眼，超越世俗标准。"清议"在古代复杂多变的政治环境中会起到不同效果：政治清明时，它与政治良性互动，其忠奸贤愚的评判结果可以成为官吏升降进退的依据；政治昏暗时，"清议"也会变得复杂化，其对人物的品评结果真假难辨。政治昏暗时期的"清议"有两种典型情况，一是若政治昏暗主要是因为君主及少数佞臣或诸如宦官、外戚、权臣造成时，"清议"结果仍能保持真实，且多声援仁人义士，成为显著的正能量；二是在政治生态已经整体恶化的情况下，士大夫和"清议"发声者的价值观与生活方式整体堕落，则"清议"本身也会严重"贬值"。对于廉洁文化形成特别是其维系机制而言，识别"清议"的真实性，并选择性地采纳，是十分重要的。但在古代的制度下，这个机制很容易流于表面，导致文王与太公所讨论的"好用世俗之所誉，不得其真贤"的局面出现。整体恶化的政治生态环境一旦形成，廉洁文化形成与维系机制运转便基本停滞，国家亦将走向穷途末路。

---

① （唐）魏征等撰，吕效祖点校：《群书治要》，厦门：鹭江出版社，2004年，第484页。

第三节　旌表贤能

一、崇拜圣贤

在儒家建立的圣贤崇拜体系中，尧、舜、禹、汤、文、武、周公、孔子、孟子构成了核心的圣贤偶像群。其中，孔子影响最大、地位最高，成为后人无法逾越的精神领袖，也是中国古代廉洁文化形成与维系最重要的文化源头。[①]在大一统时期，孔子的影响力几乎涵盖了与廉洁文化核心内涵有关的所有官德领域，而在分裂战乱时期，只要割据政权趋于稳定并聚焦内政，孔子作为圣贤的力量便会重新受到重视。历史上，司马迁是第一个称孔子为"至圣"的人。他在《史记·孔子世家》结尾写道：

> 太史公曰：诗有之："高山仰止，景行行止。"虽不能至，然心乡往之。……天下君王至于贤人众矣，当时则荣，没则已焉。孔子布衣，传十余世，学者宗之。自天子王侯，中国言六艺者折中于夫子，可谓至圣矣！[②]

司马迁以充沛而炽烈的情感，通过《史记》的谋篇布局，不仅确立了黄帝作为"人文初祖"的崇高地位，还在"世家"部分第一个写孔子，赋予其高于同时代所有"天下君王至于贤人"的"至圣"地位。这一举措在学术与知识体系中

[①] 需要指出的是，汉代儒生普遍认为周公地位高于孔子，这或许源于孔子一生对周公的崇敬。直到唐代，这一现象才发生改变。
[②] （汉）司马迁：《史记》卷四十七，北京：中华书局，1959年，第1947页。

建构了孔子的至尊地位，对后世产生了深远影响。

汉高祖是首位前往山东曲阜祭祀孔子的大一统帝王。此后，尤其是汉武帝"罢黜百家、独尊儒术"以后，历朝历代多在曲阜或首都建设辉煌、庄重的文庙并在其中祭祀孔子，祭祀孔子成为中国古代最重要的祭祀活动之一。孔子逐渐成为所有中华儿女无可争议的精神领袖，他的学说、思想奠定了中华民族共有的精神家园，包括廉洁文化的核心内涵。这一精神家园早熟且深厚，以至于后人只能在其基础上补充、完善并发展。自亚圣孟子以降，历代儒家领袖虽各有独特贡献与历史地位，但在圣贤系统中，他们仅能配享与从祀。这种偶像系统唤起的情感体验与志向塑造，正是中华民族以人文教化为主建立信仰、道德的体现。

关于孔子及其代表的儒家文化在少数民族入主中原前后的决定性影响，黄仁宇先生在论述十六国政权时指出：

> 在初起时，他们既称为"蛮夷戎狄"，少不得带毁灭性。一待到他们将所创的朝代布置妥当，他们也建孔庙、立太学，开始注重文物，提倡农桑。当中有两种入侵的民族竟开始修筑长城，以防其他游牧民族紧随着他们的来路，打扰他们新建的王国，可见得其改变程度之深。[①]

这实际上印证了恩格斯所说的"野蛮的征服者总是被他们征服了的文明所征服"。我们可以看到，孔子及其代表的儒家文化对少数民族政权的价值观和生活方式产生了巨大影响，使其官德与中原政权趋同。这为中国走向大一统后，无差别地在各地域选拔官员，并迅速建立通行整个国家的廉洁文化形成与维系机制奠定了基础。

中华文化的圣贤崇拜，除了以孔子为宗主、配享众多先贤的"文圣"系统，还有以姜太公（明代以前）和关羽、岳飞为主的"武圣"崇拜系统。他们

---

① 〔美〕黄仁宇：《中国大历史》，北京：生活·读书·新知三联书店，1997年，第75页。

的生平事迹所体现的忠、义、信、智、仁、勇、廉等价值观,对后世子孙,尤其是武官产生了深远影响。比如唐朝制度规定:

> 其中春、中秋释奠于文宣王、武成王,皆以上丁、上戊,国学以祭酒、司业、博士三献,乐以轩县。[1]

此处的武成王,即中国历史上首位被尊为"武圣"的姜太公。他辅佐周文王壮大周国,继而又辅佐周武王推翻殷纣王暴政,建立周朝。姜太公以谋略和军事才能著称,被后世尊为兵家鼻祖。民间也附会了很多神话故事来赞美他,使其形象逐渐神化。及至明代,在《封神演义》中,姜太公驱邪扶正、主持封神大业,成为正义和智慧的象征。

明代,关羽、岳飞先后被树立为武圣,并逐渐取代姜太公,其主要原因在于关羽和岳飞身上体现的忠、义、勇等适合武官效法的价值观更加鲜明。此外,这也与姜太公的事迹、形象过于神话化,难以再作为世俗社会核心价值的传播载体有关。事实上,关羽作为以道德为主、神性为辅的偶像,在整个儒家文化圈和有华人的地方,都受到广泛崇敬。至少自宋代以来,他的忠义精神为官员和民众所崇拜、效仿,成为社会廉洁文化的重要推动力,一直潜移默化地影响着中华儿女。

岳飞在明代以后成为另一位武圣。明神宗时期,追封岳飞为"岳圣帝君",同时追封关羽为"关圣帝君"。后来他和关羽被一同祭祀,祭祀祠庙即称为"关岳庙"。清代,岳飞受到朝野广泛崇敬。例如,康熙帝曾钦赐岳飞二十三世裔孙、刑部掌印岳镇九半朝銮驾和蟒服。乾隆帝多次到杭州岳飞祠墓拜谒,并亲自撰写《岳武穆论》。乾隆帝对岳飞的名言"文官不爱钱,武官不怕死"非常赞赏,曾题诗赞颂其"两言臣则师千古,百战兵威震一时"。此外,乾隆对岳飞后裔、在平息西部和西南地区叛乱中建立奇功的军事家岳钟琪也厚爱有

---

[1] (宋)欧阳修、(宋)宋祁撰:《新唐书》卷十五,北京:中华书局,1975年,第372页。

加。乾隆皇帝在《怀旧诗》中将他列为五功臣之一，并称其为"三朝武臣巨擘"。

崇拜圣贤的另一种做法是对圣贤后代在物质或精神层面给予一定的优待。例如赐予爵位、职位并由嫡长子世袭，在国家或地方重要庆典、仪式上给予显赫地位，赐予土地、住宅、器物，减免赋税徭役等。这些举措既能鼓励圣贤后代传承其家庭、家族文化，从而培养出更多优秀的官员士大夫以及各类人才，也能向所有中华儿女彰显伦理道德中的真善美。以"三立"成就不朽，才是光宗耀祖和福泽子孙的最好手段。

此外，注重对圣贤生活、活动留下的遗迹和遗产进行保护和利用（如将其转化为纪念性建筑、景观等），也是古代廉洁文化建设的自发行动。

二、彰扬循吏

中国历史上的"循吏"，是指直接治理民众并能体恤民情、造福一方的优秀州县官。这一概念始于司马迁《史记》中的《循吏列传》。司马迁在《循吏列传》开篇写道：

> 太史公曰：法令所以导民也，刑罚所以禁奸也。文武不备，良民惧然身修者，官未曾乱也。奉职循理，亦可以为治，何必威严哉？[①]

作为董仲舒的弟子，司马迁特别赞赏那些主要不依赖法令、刑罚，甚至在地区治理所需的文武力量尚不齐备的情况下，仍能使民众"惧然身修"（就是保持良好的自律）的官员。这种官员的主要特征是恪尽职守、遵守为官之道，他们不依赖威严高压，也能够实现对民众的有效治理，做到政通人和。在古代，国家和地方可以依靠这样的官员以较低成本实现正常运转，并保持社会的和谐。

---

① （汉）司马迁：《史记》卷一百一十九，北京：中华书局，1959年，第3099页。

《史记》中记载的孙叔敖、子产、公仪休、石奢、李离等人，都是将爱民、护民、廉洁、守法、自律做到极致的典范。他们的行为足以感化民众，也是引导君王向善的强大力量。

《汉书》中的《循吏传》则突显了一些优秀官吏尽职尽责、仁厚爱民的品质。他们能够依靠宽仁、廉洁和道德表率的力量，收到最佳治理效果。《汉书·循吏传》特别赞美了宣帝治官有方。他在霍光去世后，励精图治、明察洞见，努力掌握天下主要官员的情状。他尤其注重选拔优秀的郡守共治天下，赏罚分明，对优秀者不惜增秩赐金、授予高官显爵以作激励。因此，汉宣帝时期良吏辈出，史称"中兴"。当时有两类名臣：

> 若赵广汉、韩延寿、尹翁归、严延年、张敞之属，皆称其位，然任刑罚，或抵罪诛。王成、黄霸、朱邑、龚遂、郑弘、召信臣等，所居民富，所去见思，生有荣号，死见奉祀，此廪廪庶几德让君子之遗风矣。①

显然，汉宣帝更看重王成、黄霸、朱邑、龚遂、郑弘、召信臣等，因为他们推行宽仁和教化，所治之地民众富裕，离任后百姓怀念，生前享有荣誉，死后受人祭祀。与依赖刑罚的赵广汉、韩延寿等人相比，他们与民众建立了更加密切的关系，更符合儒家的仁政理念。

《后汉书·循吏列传》首先强调了光武帝作为一代明主，以自己良好的君德为引领对官吏产生的积极影响，然后强调了诸如"以仁信笃诚，使人不欺""委任贤良，而职事自理：斯皆可以感物而行化"等"导德齐礼"的循吏基本品格，总体上延续了司马迁关于循吏的内涵与标准，这也是廉洁文化的一种表现。例如，卫飒担任桂阳太守时"飒下车，修庠序之教，设婚姻之礼。期年间，邦俗从化"②。

---

① （汉）班固撰，（唐）颜师古注：《汉书》卷八十九，北京：中华书局，1962年，第3624页。
② （南朝宋）范晔：《后汉书》卷七十六，北京：中华书局，1965年，第2459页。

《新唐书》记载的唐朝循吏案例中，陈君宾、薛大鼎、田仁会等人亲民恤民、兴利除弊，成为循吏的典范。他们不仅改善了民生，还成为了道德表率，影响了社会风气。例如，薛大鼎在沧州任职期间，主持疏浚并整治无棣渠，将其贯通至海。这一工程不仅带来了灌溉之利，还因水道畅通，促进了商贾往来，活跃了地方经济，显著改善了民生。百姓感念其功绩，创作民歌赞颂他。这些民歌在一定程度上起到了类似"清议"的作用，成为推动廉洁文化机制运转的重要力量。

《明史·循吏列传》认为，明朝能缔造一个世纪以上的吏治清明，主要靠朱元璋以惩贪倡廉为核心的重典治吏制度。嘉靖、隆庆以后，明朝政治整体趋于混乱，朱元璋时期的法令也流于形式，廉洁文化形成与维系机制运转不灵，致使循吏数量显著减少。明代循吏的代表有李湘、陈钢等。

李湘，字永怀，以才干代理东平知州，廉洁自守，爱民如子，积极兴利除弊，督导民众垦辟新田，扩大耕种面积，使官府粮仓充盈、民众丰衣足食。此时，原知州还任，依例应要将他解职，但是当地百姓群起赴京请愿挽留他，皇帝予以恩准。李湘在东平知州任上十余年，深得百姓爱戴。后擢升怀庆知府，东平父老扶老携幼，泣送数十里。[①]

陈钢初任黔阳（今属湖南怀化）知县时，当地陋俗盛行，于是他从移风易俗入手，不惧艰辛，又整治水患，疏通道路，大大改善了民生。百姓对他十分敬爱，甚至在他生病期间向神灵祷告，愿意损己寿命以换取其康复、长寿。他在长沙任通判时，监修吉王府第有功，吉王赏赐金帛，他婉拒并请将旧宫殿材料用于维修岳麓书院，得到允许。他去世后，黔阳、长沙两地官民皆建专祠祭祀。[②]

总之，古代正史对循吏专门予以浓墨重彩地记载，既实现了其作为儒家士大夫以"三立"留名青史的夙愿，同时也激励着后世的官员士大夫及其子孙后

---

① （清）张廷玉等撰：《明史》卷二百八十一，北京：中华书局，1974年，第7203—7204页。
② （清）张廷玉等撰：《明史》卷二百八十一，北京：中华书局，1974年，第7210页。

代维系廉洁文化。

历史上彰扬清官循吏，除了正史专门为其佼佼者立传，地方志也会在显要位置设立专门栏目记载其事迹。后人不仅会保护其故居及相关遗迹，还会为其建立祠堂、庙宇，以表达推崇、缅怀之情。以清代成都为例，嘉庆《成都县志》记载了46座祠庙，其中祭祀之人与儒家官德有关的有26座。如名宦祠、忠义祠、关圣庙、武侯祠、杜公祠（今杜甫草堂）、张忠定公祠（祀宋朝张咏）、张文定公祠（祀宋朝张方平）、寇公祠（祀宋朝寇准）、濂洛祠（祀程朱理学十位大儒）等，它们也都是传播重要载体。

三、尊重乡贤

乡贤的概念起源于东汉，指因功德卓著而受到当地官民敬重的人物。一般认为，最先将乡贤纳入祭祀，以激励地方官民崇德行善的官员，是东汉末年的孔融。孔融为了旌表北海贤良甄子然、临孝存，将二人放入县社接受祭祀，以体现其"一介之善，莫不加礼"的为政理念。历史上的乡贤，尤其是那些因为在政治上始终坚守道德底线而不入仕、主动致仕或归隐家乡的士大夫，他们以其高尚的道德、节操和善行对家乡之人产生巨大的教化、感化和引领作用，成为廉洁文化形成与维系机制的支撑力量。以下以戚同文、邵雍、刘观为例说明：

其一，宋初民间大儒戚同文。

戚同文出身书香门第，幼年丧父，由祖母抚养长大，以孝闻名，自幼品德优良。他有惊人的记忆力，并得良师杨悫栽培，在道德与学问上更进一步，杨悫甚至将妹妹许配给他。作为醇儒，他几乎终生在家乡从事教育，弟子门人登第者达56人，其中7人入台阁，范仲淹亦出自其门下，足见其学术与道德的深远影响。在家乡，他乐善好施，教化一方，既是品行端庄、德才兼备的醇儒、名师，更是造福桑梓的典范乡贤。范仲淹的高洁品格，几乎都能在戚同文身上找到影子。戚同文及其培养的范仲淹无疑是家乡永远的骄傲，而范仲淹后来也成为受人景仰的乡贤。

其二，北宋道学领袖之一邵雍。

据《宋史》记载，邵雍满腹经纶，终身未仕。年少时，他胸怀大志，欲建功立业，博览群书，刻苦求学，寒不取暖，暑不纳凉，夜不就席，数年后感叹："昔人尚友于古，而吾独未及四方。"于是游历河、汾、淮、汉，遍访齐、鲁、宋、郑等地，最终幡然归乡，曰："道在是矣。"遂隐居不出。士人经过洛阳，常专程拜谒邵雍。不论贵贱老少，他皆推诚相待，达到了"贤者悦其德，不贤者服其化"的境界。这种乡贤的存在，真正诠释了孔子"君子之德风"的内涵。

再看一个明朝的案例。刘观，字崇观，吉水人，天资卓异，年少便高中进士，但他的人生志向、志趣与一般士大夫不同，并没有汲汲于功名利禄，而是选择闭门读书，求圣贤之学，与四方问道者为伍，并致力于教化家人和乡人。县令刘成敬佩其才德，专门为他建立了一座名为"养中"的书院，供其施展才华。他自奉简约，却乐于帮扶亲族孤寡，美名远播。邻郡大儒吴与弼对他极为推重。

总之，在农耕文明背景下，在中国人安土重迁、报效桑梓等价值观共同作用下，乡贤及其文化是古代中国廉洁文化形成与维系机制的重要源泉。

四、祭祀忠烈

忠烈是指在抵御外侮、保家卫国，或谏诤昏暴、捍卫正义中牺牲的人，他们体现了成仁取义的价值观。忠烈人物涵盖文武官员及平民百姓，但以官员为主，战争频繁的朝代以武官居多。史书与文学艺术作品会浓墨重彩地记载、彰扬、传播他们的事迹和功德。在文字之外，人们还会为他们修建祠庙、陵园，供族属和后人祭祀、瞻仰。这些举措是构筑优良政治生态、宣扬官德的重要一环。

唐高祖李渊于隋恭帝义宁二年（618）五月接受"禅让"登基，六月为有功文武诸臣及皇室成员加官晋爵，八月为隋朝蒙冤的忠烈（如高颎、贺若弼）

平反。这些忠烈的被株连流放的子孙，此时全部被赦免回乡。这些隋朝忠烈多为开国元勋，忠诚正直，朝野敬重，但因谏诤或拒绝阿谀而被隋炀帝处死。李渊为他们平反并旌扬他们的德行，既收拢了隋朝臣民之心，更向新生唐朝的各级官员昭示了正直与忠义之正道。

唐太宗贞观年间也极为推崇忠烈。

> 十五年……七月丙寅，宥周、隋名臣及忠烈子孙贞观以后流配者。……十二月……乙巳，赠战亡将士官三转。①

> 十九年二月……丁巳，赐所过高年鳏寡粟帛，赠比干太师，谥忠烈。②

贞观十五年七月的举措体现了对前朝忠烈的尊敬，十二月的举措是对本朝忠烈的奖赏与告慰。贞观十九年表彰殷商比干，则旨在弘扬忠烈精神。

宋朝在与辽、金、蒙古等少数民族政权长期对抗，以及平息国内叛乱的斗争中涌现了许多可歌可泣的忠臣义士。《宋史·忠义列传》开篇的总论对此有精辟总结：

> 士大夫忠义之气，至于五季，变化殆尽。宋之初兴，范质、王溥，犹有余憾，况其他哉！艺祖首褒韩通，次表卫融，足示意向。厥后西北疆场之臣，勇于死敌，往往无惧。真、仁之世，田锡、王禹偁、范仲淹、欧阳修、唐介诸贤，以直言谠论倡于朝，于是中外搢绅知以名节相高，廉耻相尚，尽去五季之陋矣。故靖康之变，志士投袂，起而勤王，临难不屈，所在有之。及宋之亡，忠节相望，班班可书，匡直辅翼之功，盖非一日之积也。

---

① （宋）欧阳修、（宋）宋祁撰：《新唐书》卷二，北京：中华书局，1975年，第40—41页。
② （宋）欧阳修、（宋）宋祁撰：《新唐书》卷二，北京：中华书局，1975年，第43页。

奉诏修三史，集儒臣议凡例，前代忠义之士，咸得直书而无讳焉。然死节、死事，宜有别矣：若敌王所忾，勇往无前，或衔命出疆，或授职守土，或寓官闲居，感激赴义，虽所处不同，论其捐躯徇节，之死靡二，则皆为忠义之上者也；若胜负不常，陷身俘获，或慷慨就死，或审义自裁，斯为次矣；若苍黄遇难，贾命乱兵，虽疑伤勇，终异苟免，况于国破家亡，主辱臣死，功虽无成，志有足尚者乎！若夫世变沧胥，毁迹冥遁，能以贞厉保厥初心，抑又其次欤！至于布衣危言，婴鳞触讳，志在卫国，遑恤厥躬，及夫乡曲之英，方外之杰，贾勇蹈义，厥死惟钧。以类附从，定为等差，作《忠义传》。[1]

引文第一段指出，五代，士大夫道德沦丧，而宋朝从太祖起便旌表韩通、卫融，倡导为国家安危舍生忘死的精神。此后，田锡、王禹偁、范仲淹、欧阳修、唐介等贤臣以身作则，直言正论，大力倡导忠义之气，扭转了廉洁文化建设的颓势。官员士大夫们以名节相高、廉耻相尚，重新唤起了人们对德行的重视，因此，两宋在众多灾难中能够涌现大量的成仁取义之士。第二段将忠义之士分为五类，这些忠烈人物均在国家或地方有祠庙祭祀，其祠庙及祭祀活动成为古代廉洁文化和中华民族伦理道德建设的重要支点。

五、旌表贤妻良母

　　贤妻良母文化是古代中国廉洁文化的重要组成部分，它赞美、颂扬那些富有正义力量和牺牲精神的女性。贤妻良母文化与中国古代国情相适应，符合儒家的核心价值观，但在近代以来并没有受到足够的重视和传承。形成这一局面的原因有很多，其中一个重要原因是孔子"唯女子与小人为难养也"的言论被误解误用，甚至被一些人基于无知或政治偏见加以批判。笔者曾撰专文澄清，

---

[1] （元）脱脱等：《宋史》卷四百四十六，北京：中华书局，2000年，第10231—10232页。

指出孔子所言"唯女子与小人为难养也，近之则不逊，远之则怨"，是针对君主和执政者的历史教训而发，旨在提醒他们注意人际关系的复杂性。① 孔子关于尊重妇女的言论及夫妻双方互有权利和义务的思想则长期被忽视。事实上，孔子对妇女的总体态度和立场显示出他是温和的人本主义者，他倡导"大同"世界、"仁者爱人"和"仁政"，将父与母置于同等地位，反映出对女性的深厚人本主义情怀。孔子的这种价值观念及情怀与中华民族共同体意识一脉相承。

在中华大地跨入文明门槛前后，与圣王匹配的贤妻良母包括黄帝元妃嫘祖、舜的二妃娥皇与女英、弃母姜嫄、契母简狄、汤妃有㜪等。这些女性的事迹介于历史和神话之间，体现出勤劳智慧（嫘祖）、聪明贞仁（娥皇与女英）、静而有化（姜嫄）、仁而有礼（简狄）、明而有序（有㜪）等美好品质。在笔者看来，如果要在先秦时期的伟大女性中确立一个既真实存在于历史中，又具有标杆意义的贤妻良母典范，当属大禹的妻子、启的母亲涂山氏。刘向记载：

> 启母者，涂山氏长女也。夏禹娶以为妃。既生启，辛壬癸甲，启呱呱泣，禹去而治水，惟荒度土功，三过其家，不入其门。涂山独明教训，而致其化焉。及启长，化其德而从其教，卒致令名。禹为天子，而启为嗣，持禹之功而不殒。君子谓涂山强于教诲。诗云："厘尔士女，从以孙子。"此之谓也。②

大禹之妻涂山氏长女，主动为治水三过家门而不入的丈夫分忧，并对儿子启"独明教训，而致其化"，使其承继父业并最终建立夏朝。历史学家普遍认为，大禹和启时期，华夏民族跨入了文明门槛，涂山氏长女作为贤妻良母发挥了重要作用。

---

① 谭平：《面对女性：孔子是温和的人本主义者——兼评"五四"以来名家对孔子妇女观的解读》，《新疆大学学报》2010年第3期。
② （汉）刘向撰，刘晓东校点：《列女传》卷一，沈阳：辽宁教育出版社，1998年，第3页。

贤妻良母文化的第一个高峰应该在西周开国前后。得益于杰出的统治集团，这一时期君德、官德与后妃之德相得益彰。《古史》记载：

> 公季循古公遗业，笃于行义，诸侯顺之。公季卒，子昌立，是为文王。文王在母不忧，处师弗烦，事季不怒。取于莘，曰太姒。比三世皆得贤妃。①

史册对这一时期以三世贤妃为代表的优秀女性给予了热情的赞美。从西汉刘向开始，史书通过《列女传》等对优秀女性加以详细记载和传播。

贤妻良母对于士大夫而言是无价之宝，值得爱护与尊重。何为贤妻良母？简而言之，即对丈夫而言是一个好妻子，对儿女而言是一个好母亲。然而，何为"好"？或者说决定一个妇女能否堪称贤妻良母的标准是什么？历史上对贤妻的标准多有讨论，司马光在《家范》卷八中系统总结了六种妻德：柔顺、清洁、不妒、俭约、恭谨、勤劳，其中以柔顺为首。他指出，三代兴衰与天子配偶的品性直接相关，因此《周易》《诗经》均强调夫妻伦理的重要性。司马光认为，女性应以柔顺为主，侍奉公婆、处理家庭关系，赢得舅姑之爱和叔妹之誉。他强调在与丈夫家庭成员相处中，妻子应谦顺对待叔妹，因为"妇人之得意于夫主，由舅姑之爱己也。舅姑之爱己，由叔妹之誉己也"。此外，司马光提出妻子的"齐"德——终生保持对丈夫的忠诚。古代虽强调妻子要从一而终，但这是道德要求，实际上并没有一个朝代在法律上明确规定妇女必须从一而终。晏子总结的已婚妇女的立身处世原则"妻柔而正"得到司马光的认可，即妻子对内（如公婆、丈夫、叔妹）应柔顺，对外则端庄（包括服饰、姿态），体现"正心一意，自敛制也"。这些标准反映了历史上对贤妻的基本评价。

历史上的贤妻对于廉洁文化形成与维系机制而言，是重要且特殊的力量源

---

① （宋）苏辙著，舒大刚等校点：《古史》，成都：四川大学出版社，2016年，第25页。

泉,许多清官循吏都有这样的"贤内助"。例如周南之妻,堪称士大夫妻子的典范——她勉励丈夫为国家分忧、恪尽职守,尤其强调"国家多难,惟勉强之,无有谴怒,遗父母忧",即在国家灾难多发的时期,要努力克服艰辛,避免引发君王或上司的不满,使父母感到不安或遭遇不测。这一故事既强调了孝是士大夫的立身之本,也体现了忠孝的关联。而士大夫妻子的美德之一就是支持丈夫尽忠报国。

再如西汉鲍宣之妻①,也是成就清官循吏的坚强后盾。据史料记载,鲍宣是西汉著名爱民敢言、刚正不阿的士大夫,曾上书直陈"民有七亡而无一得""有七死而无一生",以贤德升至司隶校尉。其子鲍永,在东汉初出任鲁郡太守。鲍宣出身清贫,因刻苦好学被经师桓氏赏识,桓氏还将女儿嫁给他。这位妻子恪守儒家妇道,成为一方表率,对丈夫和儿子的廉洁品德的形成与维系起到了重要作用。从她教诲子孙"存不忘亡,安不忘危"的行为来看,她堪称贤妻良母的典范。可见贤妻与清官循吏相辅相成,彼此成就。

良母是指那些刻苦耐劳、聪明睿智,能够在身体、心理、道德、才艺、知识等方面有效地培养儿女,并得到他们敬爱、尊重的母亲。在古代中国的家庭和社会分工中,母亲主要活动于家庭内,母子关系比父子关系要密切得多,所以多数母亲对孩子的道德和人格的影响会大于父亲。正是在这个意义上,良母不仅支撑起一个又一个家庭的日常运转,而且优化了一代又一代中华儿女的基本素质。所以,历史上那些公认的良母,如孔母、孟母、欧阳修之母、苏轼苏辙之母、岳母,无一不是同样不朽的伟大存在。她们温暖而强大的正能量成为廉洁文化的重要源泉。例如,唐朝杨氏激励儿子董昌龄对朝廷尽忠的故事。乱世之中,董昌龄被迫在吴元济这个公开叫板朝廷的军阀之下供职,其母杨氏深知忠奸之别,告诫儿子不要效忠叛逆,而应设法锄奸,并以"儿为忠臣,吾死不憾"相激励。最终,董昌龄遵从母命归顺朝廷,杨氏被吴元济囚禁,几近丧

---

① (南朝宋)范晔:《后汉书》卷八十四,北京:中华书局,1965年,第2781—2782页。

命，终因朝廷平叛成功而获救，并获得朝廷旌表封赐。①

古代女性通常不涉足政治，但历史上不乏贤妻，她们不仅心地善良、品格端正，而且具备政治眼光和智慧，帮助丈夫甚至国家趋利避害。她们的故事常常成为经史和文学艺术作品记录、议论的重点。例如，卫灵公夫人对国家大臣的贤愚了然于心，对蘧伯玉这样的贤臣观察得尤其细致并敬重。她认为治国的关键在于重用贤臣，因此鼓励丈夫爱贤敬贤。这样的妻子，既能够帮助丈夫识别忠奸贤愚，为国家用好人才，又不贪恋权力，扰乱朝纲，是真正的贤内助。《史记·管蔡世家》记载：

> 僖负羁之妻曰："吾观晋公子之从者，皆足以相国。若以相，夫子必反其国。反其国，必得志于诸侯。得志于诸侯而诛无礼，曹其首也。子盍蚤自贰焉？"乃馈盘飧，置璧焉。公子受飧反璧。②

晋文公五年（前632）三月丙午，晋师入曹，曹共公成为阶下囚，被责骂羞辱，因他对待重耳无礼。与此相反，晋文公专门下令晋军不得侵犯僖负羁及其亲属，以报其厚德。

贤良的妻子能够影响丈夫，有时甚至可以成为丈夫被任用的依据。最典型的事例发生在春秋时期晏子的车夫身上。《史记》记载，这位车夫资质平平，但因妻子修养极高，她对比晏子的谦恭与丈夫的洋洋自得，深感遗憾，甚至表示希望"休夫"。车夫接受了妻子的劝诫，改变行为。晏子发现这一变化后，深受感动，认为他是可塑之才，便举荐他做了大夫。晏子是春秋时期十分重要的政治家，其事迹是比较丰富的，但《史记》只用了200字左右予以介绍，这个故事占了其中三分之一以上的篇幅，可见司马迁对贤妻良母的敬重。

---

① （宋）欧阳修、（宋）宋祁撰：《新唐书》卷二百零五，北京：中华书局，1975年，第5827页。
② 李梦生：《左传译注》，上海：上海古籍出版社，1998年，第270页。

中国历史上有这样一群女性,在丈夫去世后,尽管自己还很年轻,却自愿选择不再婚,而将毕生精力用于抚养孩子和赡养公婆。这些女性的选择曾被归因于封建礼教或"四大绳索"(政权、族权、夫权、神权)的压迫,甚至一度被污名化为"愚孝"等。然而,笔者认为,从政治文明建设的角度来看,这个群体的存在往往是古代廉洁文化形成与维系机制的一股特殊力量。首先,中国历史上没有一个朝代有明确律法禁止妇女再婚。其次,许多女性在公婆或娘家支持改嫁的情况下坚持不再嫁。此外,再嫁虽可能带来个人幸福,但也伴随着孩子成长环境恶化、公婆生活困难以及复杂人际关系的代价。笔者认为,面对这类妇女的选择,史书以"中庸""中和"观念为核心,既尊重合理的个人选择,也赞美那些舍小我、顾大家的献身精神。事实上,这部分妇女的选择,不仅大大减轻了其他家庭成员的痛苦,还通过她们的忠贞、勤劳与坚韧,培养出了包括孔子、陶侃、崔瑗、刘备、裴光庭、欧阳修、赵抃、夏原吉等大批杰出人物。

自西晋以降,李密的《陈情表》感动了无数中华儿女。他在文中向晋武帝陈述了父亲去世后,家庭因失去顶梁柱而陷入的困境。李密依靠体弱的祖母含辛茹苦的抚养而得以生存,祖母的善良与坚强也为他成为孝子奠定了情感基础。因此,当祖母晚年多病卧床时,李密以纯孝之心无怨无悔地在床前侍奉。他因此获得孝子的美名,并被推举为官。但李密却在忠孝之间左右为难,他在《陈情表》第二、三自然段中真挚地表达了情感。李密在《陈情表》最后一段中的挚诚请求打动了晋武帝,晋武帝允许他暂缓赴任,侍奉祖母。

关于李密成为孝子和入仕的过程,《晋书》的记载与《陈情表》所述大致相同:

> 李密,字令伯,犍为武阳人也,一名虔。父早亡,母何氏改醮。密时年数岁,感恋弥至,烝烝之性,遂以成疾。祖母刘氏,躬自抚养,密奉事以孝谨闻。刘氏有疾,则涕泣侧息,未尝解衣,饮膳汤药必先尝后进。有暇则讲学忘疲,而师事谯周,周门人方之游夏。少仕蜀,为郎。数使吴,

有才辩，吴人称之。蜀平，泰始初，诏征为太子洗马。①

从李密的事例可以看出，贤妻良母文化一方面以宽容的态度承认妇女再婚的权利，但更崇敬那些像孔子母亲、欧阳修母亲一样坚守家庭、培养子女的女性。读懂李密的《陈情表》，可以使我们更准确地认识到贤妻良母文化是古代廉洁文化形成与维系机制的重要源泉。

历史上，贤妻与良母以其高尚品格和艰辛付出，培养了许多伟人，大儒顾炎武便是其中之一。顾炎武，明万历四十一年（1613）生于昆山千灯镇，后被过继给去世的堂伯顾同吉为嗣。寡母王氏十六岁守节，白天纺织，晚上读书至二更，独自抚养顾炎武，并教导他学习岳飞、文天祥、方孝孺的忠义精神。顺治二年（1645）清军南下，江南各地抗清义军纷起。顾炎武与挚友归庄、吴其沆等投笔从戎，参加义军。松江、嘉定相继陷落后，顾炎武潜回昆山参与守城，但昆山很快失守，挚友吴其沆战死，生母何氏被清兵砍断右臂，两个弟弟被杀。顾炎武因城破前离开而幸免于难。九天后，常熟陷落，王氏闻讯绝食殉国，临终前嘱咐顾炎武："我虽妇人，身受国恩，与国俱亡，义也。汝无为异国臣子，无负世世国恩，无忘先祖遗训，则吾可以瞑于地下。"② 母亲王氏的言传身教与牺牲精神塑造了顾炎武忠贞不渝的品格。康熙年间，顾炎武多次拒绝清廷征召，以"耿耿此心，终始不变"表明对明朝的忠诚。

司马光《家范》记载：

曾子出其妻，终身不取妻。其子元请焉，曾子告其子曰："高宗以后妻杀孝己，尹吉甫以后妻放伯奇。吾上不及高宗，中不比吉甫，庸知其得免于非乎？"③

---

① （唐）房玄龄：《晋书》卷八十八，北京：中华书局，2000年，第1517—1518页。
② （唐）敬杲：《顾炎武文》，武汉：崇文书局，2014年，第49页。
③ （宋）司马光：《家范》卷三，见《丛书集成续编》第60册，台北：新文丰出版公司，1988年，第435页。

曾子熟读历史，知道后妻对前妻子女的成长及家庭关系容易产生负面影响，因此出妻后不再续娶。这个故事反映了曾子对家庭和谐的重视，这与历史上单身母亲不再嫁的牺牲精神有相似之处。

留下著名的《颜氏家训》的大儒颜之推从人性的角度进一步分析，认为后娶必须慎之又慎。颜之推指出：后夫和后妻对非亲生子女的成长心理和影响存在显著差异。对于后夫而言，前夫之子较有可能得到较好的对待，因为"前夫之孤，不敢与我子争家，提携鞠养，积习生爱，故宠之"。然而，对于后妻而言，前妻之子往往被视为威胁，"前妻之子，每居己生之上，宦学婚嫁，莫不为防焉，故虐之"[①]。这些分析是建立在当时社会普遍现象和经验的基础之上的。然而，尽管后夫可能善待前夫之子，但对于后夫自己的子嗣来说，前夫之子毕竟是异姓。两个姓氏的后代无论谁更受宠，都可能引发非受宠者对非原配夫妇的不满甚至怨恨。如果后母虐待前妻子嗣，那么一个姓氏的兄弟也可能会互相敌视。在这样的情况下，孩子的道德品性难以健康养成。颜之推的这些思考与告诫，是以家训形式呈现的，旨在为颜氏子孙谋求安康与幸福。其见识深远、用心良苦，今人不应轻率质疑。

想要更好地认识贤妻良母以及历史上女性的真实地位和影响，笔者认为还需厘清一个问题，即如何看待历史上针对女性言行举止的限制性规定，理解其历史背景和古人的良苦用心。例如，"男女授受不亲""男女不同席""妇人送迎不出门""见兄弟不逾阈"等规定。古人对男女之别进行严格区分，主要是为了培养一种严肃、庄重的态度与习惯。由于女性在社会中处于相对弱势的地位，如果不能养成这种态度与习惯，她们面临的风险将比男性大得多，因此对女性的限制性规定更为严格。这种伦理由一系列具体的言行举止规范来实现，长期养成后，能够规范地体现男女之别，成就更多的贤妻良母。毫无疑问，这

---

① （宋）司马光：《家范》卷三，见《丛书集成续编》第60册，台北：新文丰出版公司，1988年，第27页。

样的家庭和社会会更加有序、安宁，至少有利于男女双方专注于接受家庭教育、学校教育和社会教育，从而更可靠地成长。

官员在仕途上会面临各种诱惑与腐蚀，除自身不断提升道德修为的士大夫外，也有部分士大夫道德感和规矩意识淡漠，甚至走上滥用权力猎色之路。而自幼接受"男女之别"意识和礼仪规范培养的贤淑女子，往往对官员有更多正面、积极的影响。所以，儒家文化需要塑造贤淑的榜样，如东汉班昭的《女诫》、唐朝长孙皇后的《女则》等经典读物，均具备为皇室和官员士大夫培养贤妻良母的功能。司马光的《家范》同样有相关内容。儒家文化的价值观、人生观及其所倡导的生活方式，也离不开优秀女性的坚守与传承。历史上，坚贞良母对优秀士大夫的培养与熏陶、聪慧贤妻对清官循吏的支持与影响、贞烈女性对子孙后代及全社会"忠""勇""廉""耻"等价值观的正面影响，都值得认真总结。

第四节 敬畏神圣

儒家的鬼神观在是由孔子奠基的。"祭神，如神在""子不语怪、力、乱、神""敬鬼神而远之"等《论语》中的名言，既没有否定鬼神的存在与祭祀价值，也强调面临人世间的各种矛盾、问题时，应尽可能地调动与发挥人的主观能动性。这实际上既是一种伦理，也是一种智慧。

放眼中华民族五千多年不中断的悠久文明，其活水之源是以儒家伦理为核心的世界观和以"自强不息、厚德载物"为主旋律的人生观。中华文明大多数时候以强者姿态屹立于世界文明之林，创造了众多伟大的物质与精神文明成果。中华民族不论经历多少内忧外患、颠沛流离，都能够在总结经验教训、吸纳各方合理成分，不断完善自身后，更加强势地崛起。这种力量，独属于中华文明。过去我们片面地强调"黄炎培之问"中"其兴也勃焉，其亡也忽焉"的周期律，将这种周期性朝代更替视为中华文明难以应对现代文明挑战的突出"软肋"。这其实是一种非常片面的观念。人类历史的铁律是：没有任何文明、族群或国家能够永远领先、只盛不衰。因此，判断一个文明、族群或国家的力量与价值，关键在于看它能否从每一次挫折中重新站起，重归世界舞台中央，并赋予人类正能量，引领人类走向命运共同体的康庄大道。人类所有古老文明中，唯有中华文明展现出这种强大而独特的生命力。

自古以来，中国人既有坚定信仰的主干——圣贤崇拜，也有对天地日月和诸神的敬畏。官员士大夫在各方面、各地方行使国家权力之时，都会面临权力腐蚀的严重威胁，因而要建立蕴含丰富道德滋养的神圣系统，并通过整合公私资源，借助官民共识，协调国家法典、礼制和风俗，建立各类景观、举办各类活动，使官员士大夫有所敬畏，从而构建历朝历代廉洁文化形成与维系机制正常运转所需要的优良政治生态。

（一）"天地君亲师"敬畏系统

敬天地、忠君、孝亲、尊师，是中国传统文化中官员必须践行的一套核心价值体系。这一体系简洁、明了，既是中华民族共同情感体验的象征，也是构建社会伦理道德的重要基础。它代表了最高尚的道德追求，在很大程度上也是廉洁文化的传播符号。在中国文化里，"天"被视为世间最高主宰，是偶像系统中的至尊。但是"天"（皇天）并未被完全人格化，因而具有变化莫测的特征；它也没有被完全神格化，因为它并不具备全知全能、非神职人员不能解释、沟通的属性。正如《尚书》所言："皇天无亲，惟德是辅。"事实上，作为最高主宰的"天"应该被理解为古代王朝伦理道德的保护力量，在这一点上，其权威不可冒犯、不可怀疑。孔子是这一观念的支持者，在他之前或同时代，中国的先贤们已经用思考和行动建构出了敬畏上天的基本思想轮廓。例如，敬天保民是西周的核心政治伦理，并在政治和社会治理中得到了广泛实践。

在中国传统观念中，"天"是惩恶扬善的终极力量，这一观念深深植根于中国社会的道德体系中，成为朝野上下共同信奉的价值准则。例如苏辙在《古史》中认为楚灵王、秦惠文王、秦昭襄王等人秉性凶残，在与列国的交往中蔑视礼义、包藏祸心、欺诈蛮横、树敌结怨，最终导致自己或子孙后代遭受"恶报"；而楚庄王则与之相反，他因敬畏天意，做事留有分寸、余地，不仅成功称霸诸侯，还带领楚国走向兴盛。他们的事例印证了"天网之不失""天命之不僭"的道理，不论为恶者是谁，最终都难逃天道的制裁，顶多"弱者徐毙，根深者徐拔"而已。

建立在敬畏天地基础上，由先秦道家、阴阳家、儒家等共同建构的"天人感应"学说，经过以董仲舒为代表的汉代今文经学的论述，成为中国古代维系皇权、制衡皇权的重要理论依据。这一学说为廉洁文化的形成与维系机制提供了整体改善的契机。中国人有着强烈的忧患意识，中国历史上每当天灾人祸频发，作为天子的皇帝通常会下诏罪己，宰辅可能引咎辞职，言路也会变得宽松。谏诤意见、改革呼声以及来自"清议"的选贤与能的要求得以有效表达，新政往往得以酝酿并出台。此外，在共同应对天灾人祸的过程中，已经被广大人群逐渐淡化，甚至被某些强势群体践踏、抛弃的命运共同体意识得以复苏和强化，使文明再次迎来高峰。

忠君和孝亲在家国两个层面确立了最有利于社会稳定的敬畏与服从对象。并且由于原理和情感相通，这一体系兼顾了人的感性与理性，从而稳定、顺畅地实现了农耕文明时代集权政治之下符合人性的价值共识和心理联结。

古代中国通过构建"天地君亲师"的敬畏体系，将廉洁文化纳入宇宙秩序、政治伦理、家庭责任与知识传承的宏大框架，从而形成多重伦理底线，保证廉洁文化的运行。

（二）道统、政统、学统及其代表人物

所谓道统、政统与学统，分别寓指传承核心价值、安排治理天下、认识与解释世界三个方面的正统体系。由于前人相关研究成果汗牛充栋，本书不再对其内涵进行专门阐释。这三者相辅相成，共同组成了中华政治文明的独特结

构。其意义在于：通过"天经地义"的核心价值的神圣性与普适性，构建了双重权威；通过毋庸置疑的圣王系统，确立了政治合法性的来源；通过精神（学术）领袖系统，形成了与世俗君权并行的道义权威，从而在道义上对天子及权臣形成稳定的约束力量。这种约束力量正是廉洁文化建设的决定性因素——既是精神内核，也是外在保障，在为廉洁文化提供力量源泉的同时，也为廉洁文化形成与维系机制的正常运转提供了有力支撑。例如，在汉儒的观念里，皇帝、天子的本义是"通天地、阴阳、四时、日月、星辰、山川、人伦，德侔天地者"[①]。儒家把天子的道德推到极致，并建立了道统与政统，借此告诉现世君主：经过努力，每一位君主都有可能超凡入圣；同时，以"天人感应"学说警示君王必须敬天保民，行王道政治，追求道德进步；最后，以"推翻桀纣之类民贼"的政治伦理对君主形成压力。所谓"天不变，道亦不变"，正是告诫现世君王，做明君才是唯一正道。

中华文化以天子（君王）为人间至高无上的政治领袖，主管人间秩序，对所有臣民发号施令，但以孔子为精神、学术的最高偶像与宗师，事实上构建了古代国家中的二元权威体系。而且在历史上大部分时间里，君王在面对作为"素王"的孔子时，必须表现出尊崇，承认孔子及儒家学说正宗传人的著述、言论与事迹就是天下君臣民共同的价值标准和审美标准。这不仅构建了非宗教的、基于历史和人间的、对君权和君德的稳定制衡与引领力量，且赋予了天下臣民推翻不可救药的独夫民贼的正当权利。所以，将孔子作为最高精神领袖，对于廉洁文化的形成与维系机制的顺利运转，具有巨大的积极作用。

朱子在《四书章句集注·中庸章句序》中说到道统及其力量：

> 中庸何为而作也？子思子忧道学之失其传而作也。盖自上古圣神继天立极，而道统之传有自来矣。其见于经，则"允执厥中"者，尧之所以授舜也；"人心惟危，道心惟微，惟精惟一，允执厥中"者，舜之所以授禹

---

① （汉）董仲舒撰，（清）凌曙注：《春秋繁露》卷七，北京：中华书局，1975年，第249—250页。

也。尧之一言，至矣，尽矣！[1]

朱熹认为，"道统"一词的核心内涵由尧揭示为"允执厥中"，并将其传授给舜；舜进一步发展了这一思想，将其扩充为"人心惟危，道心惟微，惟精惟一，允执厥中"。朱熹特别赞赏尧的"允执厥中"，认为其精炼至极，同时也肯定了舜对其宏旨的进一步阐明。这十六字是中国古代"中庸"哲学的精炼表达。中庸哲学主张小到为人处世、大到治国理政，对内直面自己，对外应对天下，都应坚守公正、平衡、协调，并辅以相应的认识论（如"过犹不及"）、方法论（如"己所不欲，勿施于人"）。中庸哲学具有强大的思想动能，能够与时俱进地认识、解释与应对世界的变化。正是这种思想，保证了中华文明成为世界上唯一未曾中断的古老文明，其孕育的廉洁文化具有历史的连贯性和穿越时空的传承价值。

（三）符合核心价值观的鬼神

自先秦以来，中国社会观念中具有善恶判断功能并能利用超自然力量惩恶扬善，庇佑乃至拯救良善、弱小的"鬼神"系统，不仅始终存在，而且不断被赋予新的元素与内涵。这个"鬼神"敬畏系统，成为"天地君亲师"敬畏系统的重要补充，二者共同构成了中华民族特有的道德与信仰体系。中国的多神信仰具有包容性，不具排他性、攻击性和强迫性，融合了古今文化，包括核心文化与地域文化中的各路正能量神灵及其信仰形式。这种信仰体系为廉洁文化的生发、表达与践行提供了深厚的民间文化基础。例如文昌帝崇拜、妈祖崇拜、川主崇拜、城隍神崇拜、八仙崇拜、门神灶神崇拜等。

中国的"鬼神"观念如何成为培育廉洁文化的一种资源和力量？宋代大儒邵雍对此有经典论述：

---

[1] （宋）朱熹：《四书章句集注·中庸章句序》，北京：中华书局，1983年，第14—15页。

> 凡人之善恶，形于言，发于行，人始得而知之。但萌诸心，发于虑，鬼神已得而知之矣。此君子所以慎独也。①

邵雍强调，鬼神能够洞察人心，即使恶念未付诸行动，也难逃鬼神的监察。这种观念促使君子"慎独"，即在独处时也要严守道德规范，这正是廉洁文化产生的重要思想基础。鬼神的存在及其蕴含的正能量，在儒家主流文化中始终未被否认——尽管也并未被刻意强调。邵雍对鬼神正能量的阐释，使人联想到东汉杨震"四知"（天知、地知、你知、我知）的故事。杨震深夜拒贿，正是基于对鬼神监察力量的敬畏，体现了慎独精神。这种无所不在的监督力量是践行廉洁文化的重要动力。儒家不否认鬼神的存在，但其目标主要是推动更多人诚实面对自己，解决"人与自己心灵"的关系。这种信念在古今清官循吏（如包拯、海瑞）身上得到了充分体现。理学兴起后，"天理""良心""良知"等理念在很大程度上发挥了类似"鬼神"的道德监督作用，但并没有也不可能完全取而代之。

邵雍在《观物外篇》中专门论述何谓"鬼神"及其存在和表达形式，将其视为无所不在的"造物主"，是"福善祸淫"的主宰，是不受时空限制的绝对存在。对于人类道德的成长而言，鬼神是"无形而有用"的力量。于中华儿女而言，鬼神是"天地君亲师"之外的另一个超凡脱俗的敬畏对象。它与"天人感应"学说相辅相成，共同构成了对君主与政治的道德约束。不同的是，鬼神观念更具普适性。

中国古代社会道德植根于儒家学说，并通过"天地君亲师"和鬼神观念共同营造，二者构成了超越功利与物质的精神敬畏系统，广泛渗透于教化、风俗与风土人情中，成为廉洁文化的重要基础。而以强制为特征的法制、礼制与以敬畏为核心的鬼神观念互为表里、互为经纬，共同构成了刚柔并济的中国古代社会道德维系机制，这一机制通过法律与礼仪规范行为，通过鬼神信仰强化内

---

① （宋）邵雍：《皇极经世书》卷八下，郑州：中州古籍出版社，1992年，第430页。

心约束，从而在观念层面形成了道德（包括廉洁文化）的发生、维系与强化机制。

（四）儒家经典与释道经典

中华古典文明十分注重对经典的学习、传承和与时俱进的阐释。为了达到最好的教育效果，尤其是在古代印刷与传播条件有限的情况下，经典被赋予了代表天地人、真善美标准的神圣地位，形成了敬畏经典的文化传统，成为廉洁文化形成与维系机制的重要组成部分（主要属于雅文化）。

通过稳定的教育事业、强大的经济实力和领先世界的造纸术、印刷术，古代中国产生了众多的典籍。许多名人和清官循吏的成长，都与自幼熟读经典密切相关。例如，司马光，自幼聪颖，《宋史》记载："光生七岁，凛然如成人，闻讲《左氏春秋》，爱之，退为家人讲，即了其大指。自是手不释书，至不知饥渴寒暑。"《左传》中传递的是非善恶观念及其历史规律，对少年司马光产生了巨大影响，包括其道德追求和职业取向。中国古典史书深受《春秋》及其三传的影响，其功能首先是道德褒贬（尤其针对官员士大夫及君主），其次才是知识积累和智慧启迪，再次是其文学性以及作者的个性化书写能给人趣味性。《左传》与《史记》正是兼具道德、知识与文学价值的经典之作。

古代廉洁文化的主要传播载体是"经"与"史"，因此，"经史"成为家庭、学校和社会教育中最重要的读物。官方对经、史、子、集的排列是以其道德表达、演绎、传播的直接性和作用的相对稳定性、可靠性为主要标准的。"子"涵盖多元思想，"集"能反映出多样的个性化表达方式。比较而言，经史以理性、共性为主，子集则感性、个性特征较浓，前者庄重、严肃，后者轻灵、松弛，二者相辅相成，共同构建了群体与个体的精神家园。因此，对于廉洁文化的形成与维系机制而言，只有承认、注重、完善这一教育与教化的资源宝库并合理运用，才能提高其运转效率，反之则可能导致效率低下。

经典对于古代优秀士大夫的意义，可以通过《明儒学案》中的记载分析得出。阅读经典可以使人提升道德修养，获得精神上的慰藉。例如，吴与弼虽终身清贫，却以经典为伴，以著述育人为乐，展现了经典对士大夫精神世界的深刻影响。类似事例在历史上不胜枚举，充分说明了经典在古代士大夫生活中的重要地位。

儒家经典在士大夫官德建构的过程中无疑发挥了主导作用，激励他们以自强不息的精神走修身齐家治国平天下之路，并培养他们"拿得起"的能力——即以坚定的信仰和崇高的道德修养从容应对荣华富贵对人性的腐蚀。而以《老子》《庄子》为代表的道家经典，则洞悉人性的弱点，告诫人们要戒除奢华，返璞归真，追求心灵自由和思想解放，这为中国传统优秀廉洁文化的形成与发展注入了另一类丰富的思想养料。

来自古代南亚的佛学与佛教，则经历了与儒家艰难碰撞与融汇的过程。其仅以忍让、向善为核心的义理并不足以提供君子上达的力量，但当其本土化、生活化后，与儒家五常的冲突基本消失。其经典（如《金刚经》《心经》《坛经》等）及宗教活动，为部分士大夫身处困厄时提供了精神慰藉。笔者认为，佛学与佛教赋予廉洁文化机制的正能量可简略表述为：人生的价值在于形成并保持内心的宁静与心灵的洁净；人生的快乐与豁达取决于戒除贪嗔痴与个体执念；相信生命处于轮回之中，因此为了来生与彼岸，人必须向善。

历史上，众多儒生出身的优秀士大夫和帝王都与佛学、道教有深厚关系。

如苏东坡，一生经历了政治上的剧烈起落，又承受了三位深爱妻妾的离世，但与数十位高僧的交往和佛学对其产生的影响，使他成为林语堂笔下"秉性难改的乐天派"。又如明朝状元杨慎，因"大礼议"触怒明世宗，被流放云南36年，最终客死边陲。然而，当今人读、唱他在流放期间所作的《临江仙》之"滚滚长江东逝水"时，仍能感受到其中的豪迈、清新与豁达。

儒家的坚定、老庄的旷达与佛家的通透，共同构成了这些士大夫度过人生苦厄的精神力量，也共同为廉洁文化的形成与发展提供了思想资源。

第五节　坚守"三立"与实现不朽

"三立"一词，出自春秋时鲁国大夫叔孙豹回答范宣子什么是死而不朽之问时所言："大上有立德，其次有立功，其次有立言，虽久不废，此之谓不朽。"[1] 在叔孙豹提出这一标准之前，已经有先贤践行并达到了"三立"标准，但叔孙豹以精练的语言，将"立德、立功、立言"概括为生命价值的最高境界，成为后世道德建设的重要箴言。这段话对后世中华儿女的道德建设具有深远影响，尤其是一直激励着官员士大夫坚守道德情操，抵挡权力、金钱、美色等对人性的侵蚀，最终留名青史、树立丰碑。与《大学》的"大学之道，在明明德，在亲民，在止于至善"相比，叔孙豹的"三立"更注重实践；与中庸的"致中和，天地位焉，万物育焉"相比，它更具体；与司马迁的"人固有一死，或重于泰山，或轻于鸿毛"相比，它更全面。叔孙豹的24个字可谓一字千金。什么样的人格、精神最靠近"三立"，尤其是"立德"呢？孔子和孟子的言论已足以回答这个问题。

孔子说：

志士仁人，无求生以害仁，有杀身以成仁。[2]

孟子则强调：

三代之得天下也以仁，其失天下也以不仁。国之所以废兴存亡者亦

---

[1] 李梦生：《左传译注》，上海：上海古籍出版社，1998年，第790页。
[2] 张燕婴：《论语》，北京：中华书局，2006年，第235页。

然。天子不仁，不保四海；诸侯不仁，不保社稷；卿大夫不仁，不保宗庙；士庶人不仁，不保四体。①

可见，"仁"是国家存续的根本，只有践行"仁"才能实现"三立"的核心价值。孟子的"浩然之气"与大丈夫精神，更是"三立"的代表。

历朝历代，以行动、业绩践行"三立"的先贤，都成为中华官德文明的精神丰碑。他们的故事通过教育、祭祀、文学、艺术、建筑、风俗节庆等多种形式广泛传播，激励后人。例如，东汉名将、学者皇甫规，出身将门世家，一生清正，廉洁奉公，不畏权奸。他曾数次遭权幸奸党陷害，但仍毫无畏惧。他爱才惜才，荐贤委位，当年迈时，即举荐才略兼优的张奂代替自己。此外，他开设学馆十四年，以《诗》《易》教授门徒，并提出了百姓为水、君主为船的一系列概念。其妻也是德才兼备，面对董卓的威逼宁死不屈，被尊为"礼宗"。

再以《宋史》记载之英烈杨震仲为例。杨震仲，字革父，成都府人。南宋淳熙二年（1175）进士，曾任阆州新井县知县，以惠政著称。面对吴曦叛降金朝以后的威逼利诱，毅然饮药自尽，其遗言"人孰无死，死而有子能自立，即不死"，展现了廉洁文化的最高境界——"成仁取义"与"三不朽"。这种价值观也强化了中国尊师重教、重视子孙后代教育的优秀传统。

中国文化主张，在伦理道德评价面前，人没有高低贵贱之别，因此"三立"并非帝王将相和名人雅士的专利。普通女性和孩童同样可以通过高尚行为实现"不朽"。例如刘向《列女传》记载的所有女性、地方文献记载的各类乡贤，乃至像汪锜这样为国捐躯的孩童。

> 齐师侵鲁，公叔务人……与其邻嬖童汪锜乘往奔敌，死焉。皆殡。鲁人欲勿殇童汪锜，问于孔子。曰："能执干戈以卫社稷，可无殇乎？"②

---

① 蓝旭、万丽华：《孟子》卷七，北京：中华书局，2006年，第149页。
② 王德明：《孔子家语译注》卷十，桂林：广西师范大学出版社，1998年，第479页。

鲁国遭遇齐国入侵，公叔务人是一位勇敢的爱国者，他为了践行自己的诺言，与平时相处甚欢的邻家少儿汪锜一起奔赴战场，双双捐躯。鲁国人因汪锜年幼，就打算以未成年人殇礼安葬。孔子时任司寇，对汪锜舍身保家卫国的行为大为赞赏，主张以成年人之礼安葬他。此事在《左传·哀公十一年》《礼记·檀弓下第四》中皆有记载。汪锜因此成为古代少年儿童中最早被视为实现"三立"的典范。历史上，"三立"的道德标准主要是为官员士大夫和君王准备的，但普通人和未成年人中的杰出者亦可以此实现"不朽"，这也激励着肩负表率使命的君王和官员士大夫在现实生活中不断去追求实现"三立"。

向往并实现"三立"，是中国文化尤其是廉洁文化的最高表达。《论语》记载了许多孔子激励学生的类似言论，比如"君子疾没世而名不称焉"。顾炎武结合明末士大夫的虚伪，对孔子这句话做了两方面论述：一是君子不求浮名虚誉，而应身体力行实现"三立"，至少要做到名实相符；二是古人追求没世之名，今人追求当世之名，这里的"古人"代指先贤，"今人"代指凡夫俗子。顾炎武尤其鄙视妄图名利兼收之人。一味追名逐利之人不论为学、为官抑或为师，都是失德的。其实不只明朝后期官员士大夫有如此表现，每一个朝代在廉洁文化沉沦时，追名逐利之徒便会涌现。由此可见，向往并实现"三立"是传承弘扬中华廉洁文化的必然要求。

后记

余自幼便对中国历史文化满怀热爱，心中充盈着对那些胸怀坦荡、爱民如子、廉洁奉公，秉持"穷则独善其身，达则兼济天下"理念的清官循吏的深深敬佩。然而，心中始终有一个困惑，这样的往圣先贤及效法追随的官员士大夫群体，为何在任何时期都不会销声匿迹，并且成为所有"合久必分"之后实现"分久必合"的中坚力量？其背后稳定的活水之源是什么？随着自身专业知识的累积，尤其是阅读了各朝代的本纪、列传及地方史志人物传记，并将其与同时代其他文明的记录和表现进行对比后，我逐渐形成了如下判断：从历史发展的宏观视角审视，相较于同时期的其他文明，中国古代廉政建设的制度设计、廉洁精神的传承弘扬以及廉洁文化的与时俱进，在整体上都更为成熟、理性，且具有更强的连续性和对后代的镜鉴价值，已然成为中国传统政治文明最为核心的组成部分之一。也正是由于它提供的坚实保障，中华文明才有幸成为人类所有古老文明中唯一未曾中断过的文明。

在历史上大一统王朝的多数时期，大部分官员具备程度不等的廉洁奉公、恪尽职守的素养。《大戴礼记·子张问入官》中提到"水至清则无鱼，人至察则无徒"，在纷繁复杂的政治舞台和人情世故中，虽然像包拯、海瑞一类的清官廉吏是少数，但历史上能够坚守底线，大节无亏，不同程度地做到外圆内方，努力造福一方的官员却比比皆是。如果没有这些优秀官员与人民群众的共同努力，数千年文明礼仪之邦又怎能屹立不倒？近两个世纪以来，面对自诩文明中心的西方列强的贪婪掠夺，如果没有传承至今的优秀精神文明，中国人民又怎能在志士仁人的共同努力下站起来、富起来、强起来？

正是基于这样的认识，在与往圣先贤、当代学人的对话过程中，尤其是受到习近平总书记关于中华民族共同体、人类命运共同体重要论述的引领与启发，我虽自知才疏学浅，仍不揣冒昧，不惧浅陋，写下这部凝聚了自己数十年思考的小书，以此献给已过耳顺之年三年的自己。学海无涯，学人林立，我权且抛出这块"砖"，静候各方"美玉"降临。若能对中华廉洁文化的接续传承和与时俱进有所助益，今生何憾焉？

本书关联的问题很多，写作、修订过程甚为艰辛，难免挂一漏万。本书在兼顾学术严谨性的同时，尽量使语言通俗易懂，力求实现学术性与可读性的平衡，避免成为曲高和寡、束之高阁的"阳春白雪"。为此，书中内容经过反复推敲与打磨。笔者虽尽力而为，但毕竟功力有限，究竟是顽石还是美玉，还需由关注廉洁文化传承与弘扬的读者来评判。

在此，衷心感谢成都大学党委常委、纪委书记苏波同志对本书的关注与支持。感谢成都市哲学社会科学重点研究基地——成都市清廉文化研究院和成都大学文学与新闻传播学院对本课题的扶持，特别是为本书提供了出版经费。感谢四川大学出版社的领导与编辑老师们的辛勤付出，并将本书纳入"传统与诠释"丛书系列。感谢我的同事、天府文化研究院常务副院长陈静副研究员在本书撰写与出版过程中给予的鼓励与帮助。感谢成都大学天府文化研究院青年博士周上群对本书引文注释的全面核对与厘订，没有她的支持，本书出版将会推迟。感谢我的爱徒、研究院同事苗倬鼐在本书成书过程中付出的诸多努力。最后，感谢我的家人、亲属在本书艰难的资料搜集、撰写、修订及出版过程中给予的无私支持与帮助。

自1978年考入四川大学历史系历史学专业，深受研究生导师柯建中教授、冉光荣教授言传身教的熏陶以后，我的历史教育与历史著述的心愿始终念兹在兹。唯一遗憾的是，自1988年以来，基于多种因素，成都大学这所我供职了36年的综合性大学，始终没有正式设立本科历史专业与历史学科。尽管如此，我依然没有放弃当年选择进入川大历史系的"初心",如今,这份遗憾已可释怀。

最后,祝愿祖国的廉洁文化与时俱进、薪火相传,祝愿伟大祖国永葆盛世,国泰民安。谨为后记。

谭 平

2025 年 6 月